ロサンゼルスの新日系移民の文化・生活のエスノグラフィ

新一世の教育ストラテジーとその多様性

山田亜紀

東信堂

まえがき

　昨今、ロサンゼルスにおいて、日本食を始め、日本ブランド、日本製品、様々な日本や日本文化に関連する催しおよび日本人や日系の人々を目にするのは、日常的な光景になりつつある。日系人が長きにわたって米国西海岸、とりわけその多くがカリフォルニア州へ移民した歴史はよく知られているが、同じ日系をルーツとしても多様な背景を持つ人々が存在するのは自然な成り行きであるといえる。なかでも、南カリフォルニア地域に移民する日系人の歴史は、一世紀を超えた長さに渡っている。ロサンゼルス地域に根づいた長い歴史を持つ日系の人々においては、その子孫は既に第五世代に入り、英語しか話さない環境で育った人たちも多い現実がある。

　早期から米国に渡った第一波の日系移民と、その流れを汲む日系アメリカ人とは一線を画し、現代を生きる日本人として、近年日本から米国に移り住んだ日本人の集団が存在している。その多くは、1980年代以降に進捗した「ヒト」「モノ」「カネ」「情報」の国境を越えた移動を意味するグローバル化の影響を受け、新たに米国に移り住んだ人たちである。このような人たちは、しばしば「新日系移住者」や「新日系移民」(New Japanese immigrants)、あるいは永住ではなく一定の期間を米国で滞在する「一時的滞在者」に分類されている。この二つのカテゴリーに属する人々は、第二次世界大戦以前に米国に渡った日本人と比べると、グローバル化の影響にさらされ、教育、経済的背景、そして米国社会に溶け込む度合いなど、多岐にわたって大きな差異が見られる。

　このような新しい日本人集団は、個人レベルではそれぞれ異なる背景を持つ人々であるが、①日本の会社から派遣され一時的に海外赴任する滞在者、

②単純作業や流通に関わる正規・非正規の労働者、③小規模から中・大規模自営業者、④留学生や学者・研究者等、そして⑤国際結婚による永住者に大きく分類される。それぞれ異なる社会・経済的背景を持っているものの、大多数は日本社会において中流層の出身で、戦前の移民のように、日本では手に入れることのできない豊かさを求めて、米国に移り住んだわけではない場合も多い。こうした新しく米国に移住している人々を本書では、「新一世」もしくは場合によっては「新日系移民」として扱うが、その定義は後述する。

　このような新一世の動向は、現代のグローバル化とアイデンティティの越境という二つの視点から、移民することの意義を改めて検証する絶好の機会を提供している。戦前の移民同様、米国に移り住んだという類似性はあるが、新旧二つのグループの間には細部から根本的なところまで様々な差異があり、その違いの要因は、海外滞在する際にそれぞれが直面した異なる時代背景と社会状況であるといっても過言ではない。こうして米国に移り住んだ現代の「新一世」と戦前の日系移民いわゆる旧移民とを比較することで、いくつかの根本的な問いが生じてくる。そうした問いとは、①そもそも彼・彼女たちは一体どのような人々であり、戦前と戦後の移民もしくは移り住んだ人々の差異は果たしてどのようなものだろうか。②彼・彼女たちはどの程度もしくはいかなる程度において移住国アメリカの社会、言い換えればメインストリームに溶け込んでいるのだろうか。または溶け込んでいないのだろうか。本書はこのような大きな問いを立て、文献による理論的な考察とロサンゼルスにおける新日系コミュニティでのエスノグラフィを行った内容から構成されている。

　さて、第二次大戦後日本人が海外に移住する動きは、おおよそ1960年代以降に盛んになった国境を超える経済・商業活動や、日本における諸産業の急速な発展などに深く結びついている (Adachi, 2006)。また、現代のグローバル化は、ロサンゼルスを始めとする海外の新しい日本人集住地区であるコミュニティを生み出す大きな要因にもなっている。ユネスコの成人教育に関する報告書 (1997) では、「グローバル化」を以下のように説明する。

21世紀の社会は、いくつかものの新しく巨大な力で形成されつつある。経済のグローバル化と、生産活動に参与するために知識が必要不可欠な前提として重要になりそしてますます増大する政治体制の民主化などである。(7)

　技術の進歩に伴い、世界中とのコミュニケーションが瞬時に出来るようになり、国境を超えた議題は人々の関心を優先的に集め、そして経済のグローバル化をさらに推進するきっかけにもなった。ロバートソン（Robertson, R.）は、以下のようにグローバル化を定義する。「グローバル化とは、世界が緊密になることをあらわし、そして同じシステム下にあるものだと強く意識させる概念である。」(1992)。これらの指摘を受け、本書では、グローバル化とは、「経済活動の成果および知識などが国境を超えて移動することであり、かつその流れにより増幅される人々の流動性」と定義したい。グローバル化という現象に焦点を絞りつつ、新たにアメリカに移り住む日本人の動向を検証することによって、海外に住む新一世に対しどのような新しい知見が得られるであろうか。本研究は、新一世あるいは新日系移民が形成しているコミュニティが持つ特徴に焦点を絞ることによりグローバル化がもたらす影響とインパクトを検証するとともに、いわゆる移民としてのカテゴリーに分類されるであろう現代の日本人の母親が移り住んだ先の米国社会で子育てをする境遇において、教育に関してどのような理解や戦略を持って取り組んだのかを明らかにするものである。

　ウェストロサンゼルス地域で研究活動を行った著者にとって、個人的に親である新日系移民もしくは新一世、とりわけ母親とその子供である新二世に強い関心を持っている。このような母親や子供たちのほとんどは、日本と米国という二つの文化の狭間に生きているように見受けられる。著者は米国に在住する多くの日系アメリカ人、新一世、新日系移民そして一時的滞在者の範疇に入る日本人と交流を深める機会に恵まれた。交流を通じて、同じロサンゼルスにある日本人コミュニティに属しながらも、彼等が多様な背景をそれぞれ持っていることに気がついた。この事実は、本研究の動機となり、問

題意識を一層深化させることにもなった。本研究はこれまで「日系移民とそのコミュニティ研究」ではあまり注目されてこなかった「新一世(新日系移民)」という領域に一石を投じ、今後の本分野での研究の広がりの貢献になればと願っている。大学院生だった当時、とりわけアイデンティティの形成と言語の関連性に興味を持った著者は、日本人、新一世(新日系移民)、旧移民を含む新日系コミュニティでのネットワークを通じて、多くの新一世(新日系移民)に属する母親たちの声に耳を傾け、彼女たちが日本と米国という二つの文化の狭間で同時に生きる際に直面する困難や乗り越えていこうとする挑戦を把握することができた。多くの母親は、言葉や文化の壁に苛まれ、異国の地で子育てすることの障壁がいかに大きいか、また直面する困難性についても率直に教えてくれた。程度の違いこそあれ、それぞれ日本につながりを持つ人々と交流するなかで、ロサンゼルスに住む現代日本人、特に新日系コミュニティへのエスノグラフィ調査を行うことを決意した経緯はここにある。この研究を遂行する際は、留学生としてロサンゼルスで学び、その傍ら日本語を教える教師として新一世(新日系移民)のコミュニティで働いた経験も、大変有益なものであった。

　それゆえ米国の新一世(新日系移民)の研究に着手した動機は、以下のようにまとめられる。これまでの日系アメリカ人研究は、1900年代初期からの早期の日系移民を対象とすることが多かった。しかし、現在の米国社会における日系、日本人もしくは日本との関わりを持つ人々を見てみると、多様な集団が存在する。そして、米国に移民・移住する日本人の形態と背景が時代とともに変化し、「新しいタイプの日系人」が米国社会に存在するようになった。しかし、こうした集団への注目および研究はあまりなされていない。そういう背景をもとに、本研究では新しいタイプの日系人集団である新一世(新日系移民)に焦点を当て、グローバル化の影響の中での、彼・彼女たち、そしてその子女たち全般の米国社会への適応過程、日本社会との関わり、文化接触、言語維持の過程や構造を明らかにしたい。

目次／ロサンゼルスの新日系移民の文化・生活のエスノグラフィ

　　まえがき　i

序　章……………………………………………………………… 3
　1　「新一世」(*Shin-Issei*) の定義　3
　2　研究の目的と背景　6
　3　具体的な研究課題の設定　9
　4　本研究の意義と重要性　11
　　注　11

第1章　新一世を取り巻く環境変化と理論的枠組み ……13
　はじめに　13
　1　グローバル化とトランスナショナリズム　15
　2　現代日本におけるトランスナショナリズムの実際　20
　3　エスノバーブ概念とは何か　23
　4　新日系移民に応用するエスノバーブ理論　26
　5　エスニック・コミュニティの意味と役割は何か　28
　　注　29

第2章　旧日系移民と新日系移民………………………………31
　1　旧日系移民と新日系移民を取り巻く環境の差異　31
　2　早期の旧日系移民　33
　3　旧日系移民と子女の教育　35
　4　エスニック・コミュニティの役割　37
　5　新一世の米国移住の社会的意味　39
　　注　42

第3章　米国における新日系移民コミュニティと子女の教育……………………………………… 43

1　海外における新日系コミュニティ　43
2　米国における新日系移民コミュニティの特徴　48
3　日本語学校とは何か：日本人学校と日本語学校との違い　49
4　日本語学校の特徴　52
5　継承語教育としての日本語学校の役割　54
6　日本語学校を通じてのエスニック・アイデンティティの醸成と維持　55
7　文化的移住者の研究を通じての共通性とは何か　56
　注　58

第4章　研究の方法と調査対象コミュニティ……………　61

はじめに　61
1　研究枠組みと調査の実際　63
　1．研究の枠組み設定にいたる背景　63
　2．本研究で依拠するトランスナショナリズム理論　65
2　研究方法としてのエスノグラフィとオーラル・ヒストリー　67
3　調査概要　70
　1．3つの調査研究　70
　2．調査対象地域の概要　72
　3．調査の対象者の分類　75
4　本研究の目的と意義　77
　注　79

第5章　エスニック・コミュニティとエスニック・施設 ……　81
　　　　——「新一世」にとっての日系スーパーマーケットの役割

はじめに　81
1　問題の所在　85
2　研究の背景　87
3　調査対象地と調査方法　88
　1．調査対象地　88

2．調査方法　89
　4　調査結果　91
　　1．日本的雰囲気の提供　91
　　2．エスニック・アイデンティティの確認機能　94
　　3．エスニック・アイデンティティの形成　98
　　4．文化意識の形成　100
　5　考察とまとめ　101
　　注　102

第6章　日本語学校での参与観察　103
　はじめに　103
　1　日本語学校の概要　104
　　1．A日本協会とA日本語学院　104
　　2．A日本語学院での教師助手の意味　105
　2　日本語学校での参与観察　107
　　1．教育カリキュラムを通じての観察　107
　　2．エクストラ・カリキュラムを通じての観察　109
　　3．新一世日本人親の背景から　111
　3　日本語学校での参与観察結果のまとめ　112
　　注　114

第7章　「新一世」親の子供への教育ストラテジー　115
　はじめに　115
　1　インタビュー調査対象者と質問内容の概要　116
　2　新一世親のインタビュー調査から　120
　　1．国際結婚家庭のケース　120
　　2．新一世の父親としてのアイデンティティ　129
　　3．日本企業の一時的滞在者のケース　131
　　4．日本企業一時的滞在者家族のアイデンティティ　133
　3　ロサンゼルスにおける新一世ネットワーク　136
　　1．グループ形成による相互支援ネットワーク　136
　4　まとめ　146
　　注　147

第8章　ミレニアル世代に見るアイデンティティ・ポリティックス……………………………………… 149

はじめに　149
1　ミレニアル世代の世代定義　150
2　研究に際してのカテゴリー枠組み　151
　1．文化移住者のアイデンティティ　152
　2．専門研究者のアイデンティティ　156
　3．一時的滞在者から永住者への転換者のアイデンティティ　158
3　新一世コミュニティの機能と仲間集団　161
4　ミレニアル世代新一世のアイデンティティと文化の保持　162
5　国を越えたつながり　164
6　ミレニアル世代新二世の視点から見たアイデンティティ　165
　1．アイデンティティと価値観の形成における日本語・文化継承の役割　166
7　まとめ　172
　注　173

終　章　まとめと課題……………………………………… 175

はじめに　175
1　グローバル化とトランスナショナリズム、日系コミュニティの役割　176
2　新一世の教育ストラテジーとネットワーク　179
　1．就学前教育ストラテジー　180
　2．小学校・中学校段階での教育ストラテジー　181
3　新二世の視点からの日本語・文化学習とアイデンティティ形成　182
4　新一世の親の教育ストラテジーの考察と残された課題　183
5　本研究全体を通しての課題　185

付　　録　189
参考文献　203
あとがき　215
事項索引　219
人名索引　221

ロサンゼルスの新日系移民の文化・生活のエスノグラフィ
―― **新一世の教育ストラテジーとその多様性**

序　章

本章のねらい　本章では、第一に新一世（新日系移民）を定義する。次に、新一世のコミュニティ、生活や活動、米国社会への適応および子女の教育等を可視化することを試みる。また新一世と呼ばれる人たちの間に共有される種々の経験と形成された新日系コミュニティと新一世との関係性に着目する。その際、ホスト米国社会との文化的隔たりを越境し、米国社会や文化に適応しながらも日本に対する強いアイデンティティ及び日本の文化的規範を保持しているように見える新一世にとってのエスニック・コミュニティの意味を考察する。

1　「新一世」（*Shin-Issei*）の定義

　新たに米国に移民する新日系移民[1]およびその家族のことを「新一世」（*shin-issei*）と呼び、この人々を親に持ち、米国で生まれた第二世代の子供を「新二世」（*shin-nisei*）と呼ぶ。二世以降の世代は、そのまま三世（*sansei*）、四世（*yonsei*）、五世（*gosei*）と呼称されると思われ、この呼称は旧日系移民と同様である。こうした呼称が日系人に関する専門用語として一般的に定着している。本書で取り扱う新日系移民とは別に、比較的早い時期、19世紀末から最後の移民船[2]が出港した1970年代までに移民した人々は旧移民と呼ばれている。米国における旧日系移民は、今や第五世代に入り、日系アメリカ人として米国のメインストリームを構成する市民として生活しているだけでなく、多くは米国文化に溶け込んでいるともいえる。本書では旧日系移民やその子孫を取り上げることはない。なぜなら、新日系移民と旧日系移民である日系アメリカ人

とは米国に移り住んだ時代背景、移住目的、米国社会との関係性等に差異があり、同様に扱うことは適切ではないと考えているからである。

現時点で、「新一世」に対する定義は、まだ明確であるとはいえず「新一世」というテーマを包括的に取り上げておらず、先行研究の蓄積も限られている。その限られた先行研究では、南川は、新一世を「日本からの新しい移民で、戦前に移住した人々の子孫である日系アメリカ人とは異なる独自の下位文化を持つグループ。永住を選択した一部の長期滞在者」(2005, 139) と定義している。

ヒョウドウ (Hyodo, H.) は新一世を「固定化されることなく、常に流動している状況に身を置き、滞在資格のいかんにせよ（帰化して米国市民権を取得したもの、米国に生まれながら日本で育ったもの、合法的永住者、ステータスの種類に関わらず三ヶ月以上米国での滞在が許されているもの、不法滞在者、長期訪問者、在留期限を超過しても非合法的に滞在し続けるものなど）、米国に住んでいる全ての日本人が当てはまる」(2012, 81) と幅広く捉えている。ユイ (Yui, D.) は、「レストランのオーナーやシェフなど自らが雇用主を務める自営業者や、米国の大学を卒業後、帰国しないまま自営で仕事をする者、あるいは米国企業に雇用される者、さらには日本の企業に派遣された人々が長きにわたり滞在し、最終的に米国市民権を取得する事例」(2006, 25) が新一世に相当すると指摘している。一方、ヤスイケ (Yasuike, A.) は、新一世を米国永住権や市民権を持たずに、一定期間米国に在住する日本人であるとみなしている (2005, 74)。この場合に、ヤスイケは「新一世とは、米国の永住権や市民権を持たずに、一定期間において南カリフォルニアに在住する日本人である。米国企業に雇用されることなく、むしろ彼らを米国へ派遣した所属の会社に、恒久的に勤めていきたいと望む人たちである」(2005, 74) と定義している。

しかしながら、実際の状況はこの分類より遥かに複雑である。長期滞在者として派遣された人々の中に、結果的に十年以上に渡る長期間米国に住み、場合によっては本人の選択次第で更に滞在を伸ばすケースも少なくない。著者自身のこれまでの調査を見ても、このような曖昧な状況に属している人はかなりの数にのぼるという感触が得られていることから、永住権の有無とい

う硬直な線引きで「新一世」であるかどうかを定義するのは、必ずしも有効な方法だとはいえないだろう。このような分類法に従うと、およそ全ての海外に在住する日本人は、当該国における永住権を明確に保持しているか、目指していると仮定しなければならず、日本に帰国し、一定期間日本に滞在すれば、「新一世」として分類されることができなくなる可能性も生じる。

　アズマ（Azuma, 2005）は「新一世」と呼ばれる新日系移民を「定住者」（settlers）と呼び、ビジネスマンやその家族、教育を受けるためにやってくる若年層、そして職を探しに、あるいは個人で起業するために米国に移り住む者がその定義に含まれている。「新一世」に対する定義はこのように多岐にわたり、明確な「新一世」の統計データが存在していないことから、統一された定義が存在しているとはいえないが、本書では、南川、ヒョウドウおよびユイの見解に基づき、永住者と長期滞在者の両方を「新一世」と定義して扱う。

　さらに、一時的滞在者の扱いについても注意する必要がある。本書では永住者と長期滞在者を新日系移民である新一世としてみなしているが、日本人移住者全てが最終的に米国に永住することを望んでいるとは限らないことを考慮するべきであろう。当初は日本の親会社から起業派遣者として米国に派遣されたが、結果として永住することになる新日系移民も数少なくない。彼らは現地法人の現地採用者として勤続する場合もある。こうした人々はもしかすると日本の会社に所属する「一時的滞在者」とみなされる可能性もある。その意味でも一時的滞在者との峻別は重要であるが同時に簡単ではないことを理解しておかねばならない。新日系移民は極めて高い流動性を持っている集団であり、永住者であったとしても、日本に帰国する意図を持つ人の割合も高い。すなわち、一時的滞在者と「新一世」との「越境」もしばしば行われるわけである。そのため、本書では「移住者」（migrant）という用語を用いて、一時的滞在者と将来的に日本に帰国したい、あるいは最終的に住む国を決めていない新日系移民とを同一の分類に入れて、「新一世」（新日系移民）としている場合もあるし、「新日系移住者」という用語を用いている場合もある。

　それでは、米国における日系人口はどれくらいであろうか。少し古いデータではあるが2010年センサスによると米国における日系人口は約130万人

で全米人口の 0.4% 程度と少ない割合である。この数字には、①複数国籍者を含む日系アメリカ人、②永住者、留学生、企業の駐在員や家族を含む一時的滞在者や外交官等が含まれている。このうち外務省の 2015 年の在留邦人数調査統計調査[3] を参考にすると、長期滞在者 24 万人、永住者 18 万人を含む在米日本人数は 42 万人となっている。

2　研究の目的と背景

　本研究の目的は、米国に多く存在しているものの、彼・彼女たちの属するコミュニティ、そこでの生活や活動、米国社会にいかに溶け込み、子女の教育にどう向き合っているか等がよく知られていない新日系移民である「新一世」の存在を可視化させることにある。多くの新一世は、長期滞在にせよ離散者[4]（以下ディアスポラ）[5] として米国に永住するにせよ、それぞれ違う集団として分類され存在している。アダチ (Adachi, 2006) は、ディアスポラと移民の違いは、祖国との結びつきの違いであると論じている。すなわち、ディアスポラの人々は、現在住んでいる国で、彼らの祖国の言語、文化、宗教を通じて民族的アイデンティティを維持し、心の通う仲間との関係の持続を願い、「民族共同体」意識を醸成しつづけている (Safran, 1991, 84) という見方に基づいている。

　そこで、「新一世」を定義する出発点として、まず答えなければいけない一番基本的かつ重要な質問は、彼・彼女たちは移民あるいは移住者として、どういう風に自らの存在を米国社会で位置づけているのか。彼・彼女たちはいかに日本と米国という二つの文化の狭間に生きているのかを知るためにも、この質問に対する答えは重要である。

　それでは、「新一世」とはどのような人々なのだろうか。多くの米国へ移住する日本人は、そもそも移民というカテゴリーに入るというよりは、将来的には日本に帰国すると考えている一時的滞在者とみなすことは可能である。アダチ (2006) は、日本人が日本を離れ、他の国へ移り住む理由を、「自らのキャリア形成に若干の不満を抱いて、仕方なく離れるものは少なくないが、多く

の人はむしろポジティブな動機で日本を出ることを選んでいる。留学、異文化体験、未知の人との出会い、あるいは国際ビジネスなどより面白い仕事を探すためである」と説明している[6](19)。つまり、米国に滞在する日本人が日本を離れ米国に移り住む理由は、人によって実に千差万別ということになる。移民として分類できる人もいれば、一時的滞在者として分類されるものもいる。また二つのカテゴリーのどれにも相当しないケースもある。この説明は米国に移り住む日本人だけでなく他国へ移り住む日本人全般を指してはいるが、米国を例にとれば、最初は長期的な計画を立てずに、とりあえず米国に渡ったが、結果的に米国に残ることになった新一世もいる。一方、日本の親会社から派遣されたビジネスマンなどの一時的滞在者と呼ばれる集団は、ほとんど日本への帰国を前提としている。帰国するか否かという差異は、新一世が自らのエスニック・コミュニティ[7]との関わり方や、米国社会に溶け込む度合いなどに大きく影響している[8]。

　本研究はまた、新一世と呼ばれる人たちの間に共有される種々の経験と形成された新日系コミュニティが米国社会で新一世・新日系移民に対して果たしているその役割に注目する。ホスト米国社会との文化的隔たりを越境し、米国社会や文化に適応しながらも日本に対する強いアイデンティティおよび日本の文化的規範を保持しているように見える新一世にとって、エスニック・コミュニティが果たしている役割は大きいと推察できる。新一世と出会い、彼・彼女たちの行動や特徴を研究対象としてみた際に、このようなコミュニティは最も基本的な出発点ではないかという印象を持った。

　本研究を行うにあたり、新日系移民のことをより深く知る手がかりの一つとして、彼らが所属するコミュニティについて次のような問いを立てている。第一に、母国日本と関連性のあるエスニック施設や団体は、米国、具体的にはロサンゼルスで形成されているエスニック・コミュニティにどのような役割を果たしたのか。第二に、新一世によるエスニック・コミュニティは、南カリフォルニア・ロサンゼルスにおいてどのような意味を持っているのだろうか。

　新一世は、移民研究に関わる研究者や米国社会全体に、大きな示唆をもた

らし、「移民」(immigrant)と「移住・移民するということ」(immigration)という概念の違いを根本的に考え直すきっかけを与えている。なぜなら、先述したように伝統的な意味としての移民とは違い、この集団の多くは、場合によっては、最初から米国に永住するか、または一時的に滞在したら帰国するかを、そもそも決めないままに入国しているという特徴があるからである。それゆえ、各々違う理由や目的、換言すれば多様な理由で米国に移り住んだ以上、彼・彼女たちのアイデンティティに対する考え方も異なってくるし、「移住する」ということばの意味するところも同じではない。とりわけ、近年のグローバル化が進展している社会では二つの国を自由に行き来することは頻繁に行われている。日本と米国とを行き来しながら暮らす多くの新日系移民は、事実上、二つの文化と社会を同時に生きているといえなくもない。

このように、「移住」に対する多様な見方や考え方や米国に暮らす背景となる理由は、新一世が持つアイデンティティおよび移住先におけるライフスタイルに、大きな影響をもたらしている。さらに言えば、このような影響で形成されたアイデンティティに対する考えとライフスタイルは、新一世の家族に対する接し方、進んでは子供の教育に臨む態度を大きく左右する。新一世の親と彼らの子供、いわゆる新二世に焦点を当て、親たちはどのような教育的ストラテジーを立て、グローバル化[9]とトランスナショナリズムが進む現代において次世代に教育を提供するのかを解明することを目指している。とりわけ教育的ストラテジーに関しては、以下の問いに応えたい。

①新一世は、米国での子育てにおいて、どのような教育的ストラテジーを採用しているのか。また、このような教育的ストラテジーはいかなる動機で触発され、何らかの結果をもたらしたのか。

②新一世が用いる教育ストラテジーは、彼らが生活している米国社会のコンテクストや、グローバル化とトランスナショナリズムなどの影響と、どのような関連性があるのか。

3 具体的な研究課題の設定

　研究課題に具体的にアプローチするため、本研究は新一世およびそのエスニック・コミュニティの特徴を第一に検証する。とりわけ日本に関連するエスニック施設および日本語学校が果たしている役割や影響に焦点を当てる。具体的なプロセスとして、現在のロサンゼルスにおける新一世コミュニティを定義する。移民か滞在かという滞在ステータスによる差異を明確にする。次に現代社会における移民や国境を越えて移動する人々に大きなインパクトを与えているグローバル化およびトランスナショナリズムに焦点を当て、そうした概念が生活様式に及ぼした影響と作用について考察する。19世紀末から20世紀初頭に米国に移り住んだ旧日系移民と、1970・80年代以降の新一世との大きな差異は、新旧日系移民が、それぞれ直面した状況や体験した経験を比較してみると、両者の差異はグローバル化やトランスナショナリズム、さらには社会・経済的地位によってもたらされた直接的な変化であると考えているからである。

　旧日系移民が日本を離れ米国に移り住む目的の大半は、経済的な豊かさを求めるものであったとする指摘は多い。そうであるとすれば、経済的にすでに豊かになった現代日本において、国を離れる動機とは一体何であろうか。旧移民と同様に経済的豊かさを求めてだろうか。あるいは留学や研修の機会を通してより良い就業の機会の広がりが、グローバル化の進捗に伴って拡大しているからではないだろうか。

　時代背景の違いを考慮に入れつつ、現代におけるトランスナショナリズムは、いかに現代日本人に影響をもたらしたのか。新一世のライフスタイルに影響するこれらの事情を理解すれば、彼・彼女たちのアイデンティティや存在を理解する一助にもつながる。新一世のライフスタイルに対する分析は、第二世代である子供たちへの教育ストラテジーの検討にも関連性がある。

　この度の研究に際して、筆者は国からのディアスポラ（離散）、エスニック・コミュニティの創造、エスニック的特質の維持などのテーマに強い関心を持っていた。新一世の人々と知り合い、交流が広がるに伴い、彼・彼女たち

が米国に住みながらも日本への帰属意識を保持し、むしろ日本人としてのアイデンティティを意識しながら、時として米国社会との強い関連性も意識していることに気がついた。また、ヒト、モノ、カネの移動がグローバル化の流れに伴い進捗するなかで、国から国を超えて移動するトランスナショナルな動きも頻繁になる。こうした動きをトランスナショナリズムとすれば、トランスナショナル・アイデンティティと絶え間なく変容するアイデンティティの形成は新一世の基盤であるともいえないか。そしてこの特徴は新一世の親が持つ新二世である子供に対する教育目標や方法に直結しているという仮説を抱いた。そこで、筆者はロサンゼルスにある日系コミュニティとそこに位置している日本語学校での観察や交流活動を行った。この過程を経て日本語学校で教師助手として働くことになり、そこでの参与観察を行うことが可能となった。

日本語学校および日系コミュニティでフィールド・リサーチを行う際に注意を払った点は以下の5点にまとめられる。

①時代背景と環境の差異を考慮に入れた上で、19世紀末から1900年代の旧日系移民の波と現代の新一世との比較を行い、移住するパターンに着目する。

②グローバル化とトランスナショナリズムは、新一世コミュニティとライフスタイルにどのような変化をもたらしたのかを検証する。

③新一世が、米国社会に対する帰属意識や市民としての意識を形成させる際に直面する課題を考察する。新一世は、日本および米国双方に、トランスナショナルで、柔軟かつ二文化併存のような関係を築いているのか、いないのか。

④新一世の親が第二世代にあたる子供たちへの教育ストラテジーはどのようなものなのか。その際、親にとって、日本語学校はどのような意味や役割を持っているのだろうか。

⑤エスニック教育が、親と子供にもたらす結果は何だろうか。日本語学校の教育はいかに文化的アイデンティティとライフスタイルに影響をもたらすのかを検証する。このような教育は、日本とのつながりを保持する

うえで顕著な影響をもたらしているのだろうか。例えば、就職、日本への帰国、日本人によるソーシャル・サークルへの参加などに変化は見られるのだろうか。

4　本研究の意義と重要性

　グローバル化が進展する状況においては、移民という選択や海外に生活を移すことが、必ずしも母国と文化的や生活様式の断絶を意味するとは限らなくなっている。グローバル化において新一世の多様化した移動のパターンは、旧日系移民に対する先行研究に合致しない側面が多い。グローバル化という大きな流れを反映して、研究が依拠するコンテクストは、集団および個人レベルでも大きく変化しているからである。それゆえ、新一世が次世代を対象とし実践する教育ストラテジーは、このような変化を反映する試金石であるといえるだろう。しかしながら、新一世に対する本格的な研究はまだ発展途上にある。米国におけるアジアを中心とする移民や移民集団の異文化接触研究の分野では、近年中国の急速な経済発展に伴い、チャイニーズ・ディアスポラへの研究に関心が集まっている[10]。駐在員、政府関係者や留学生等の一時的滞在者も多く滞在している米国において、永住者を含む「新一世」研究は日本と米国との間の相互理解や関係強化に重要であると考える。海外で生活したり仕事をしたりする日本人は、このような国家間のつながりの強化に直接的・間接的に不可欠な役割を果たしており、国と国との関係をも反映するとすれば、その相互作用は大きい。

注

1　本書では新一世と新日系移民を同様な存在として見るというスタンスに立ち、文脈に応じて、新一世と新日系移民という用語を使用することにしたい。
2　1973年3月27日サントス着の最後の移民船「にっぽん丸」は南米ブラジル行きであった。
3　平成28年度版海外在留邦人数調査統計を参照。

4 離散者はしばしばディアスポラと呼称されるが、本書でもディアスポラという用語で統一する。
5 Adachi (2006)、足立 (2008) は、「ディアスポラ」という概念を用いて特に新日系移住者を分析している。
6 Adachi, 2006, p.19.
7 エスニック・コミュニティとは特定のエスニック・グループが形成する集住あるいは商業地区のことをここでは意味している。
8 Adachi (2006)、足立 (2008)、Azuma (2005)、南川 (2005)、Yui (2006)、Hyodo (2012)、Yasuike (2005) 等が戦前の移民のように、日本では手に入れることのできない豊かさを求めて、米国に移り住んだわけではないという指摘をしている。
9 後述のようにロバートソンの翻訳書においてもグローバリーゼーションという翻訳が使われているように、グローバリーゼーションという用語を使っている場合も多いが、本書ではグローバル化という用語で統一する。
10 Li, W. (2009). *Ethnoburb: The new ethnic community in urban America*. Honolulu: University of Hawai'i Press の 23 頁を参照。本書は、ロサンゼルス郊外に住む旧華僑の移民と新華僑の移民の移住における歴史的背景・定住する地域・職種などの比較について研究されている本であり、エスノバーブ理論について書かれている。

第1章　新一世を取り巻く環境変化と理論的枠組み

本章のねらい　本章では、新旧日本人のコミュニティを対照比較する際に、主にエスノグラフィの手法を用いて、ロサンゼルスにある日系エスニック・コミュニティを観察し、新一世コミュニティにおける日本語教育、およびエスニック・アイデンティティの維持と形成過程を把握する。また、新一世と旧日系移民とを比較し、移住するパターンや目的、そして生活様式が時代とともに変化したことを明らかにする。その際、グローバル化の影響についても検討する。参与観察を通じて、新一世・新日系移民の特徴や独自性を明らかにするとともに、百年以上前に渡米した第一波の旧日系移民との差異を明らかにすることで、現代のエスニック・コミュニティとの関連性を検討する。

はじめに

　米国における旧日系移民と新一世を比較検討する際には時代背景と取り巻く環境の大きな変化に目を向けなければならない。旧移民の大多数が経済的豊かさを求めて米国に移り住んだのに対し、新一世・新日系移民の渡米理由は多種多様であることは先述した。ビジネス目的では、たとえば日本レストランの経営や日本に関連した商品である日本食、書籍、DVD等の販売や日本式塾経営といったエスニック・ビジネス（Bestor, 2000）への従事が代表的である。教育機会を求めて渡米して結果的に帰国しない留学生や、所属する会社の要請に応じ、一時的に海外で働く企業従業員がその後長期にわたって滞在する場合もある。それぞれ違う目的で構成する新一世は、極めて多様化し

た集団である。フクダ (Fukuda, K.) は、「新一世が渡米する理由はどうであれ、新一世は一人ひとりそれぞれ違う理由で米国に移り住んだのであり、ある者は留学、ある者は結婚…またビジネスにおける成功を夢見る者もいる」(2009, 2) と述べている。新日系移民を、グローバル化の視点で見つめれば、彼らは極めて多種多様なプロセスを経て最終的に移民することに至ったのであり、教育上・経済上の条件に恵まれていなかった旧日系移民のように、渡米後の祖国とのつながりが比較的薄かったわけではない[1]。

いずれのエスニック集団もエスニック・コミュニティを形成する傾向がある。世代や新旧移民を超えて、同じエスニシティを共有する同胞が集うのがこうしたエスニック・コミュニティである[2]。日系の場合もエスニック・コミュニティが米国内で形成されている。著名な日系集団グループとしては、旧移民の時代に盛んであった沖縄県人会が代表的である。現代でも、沖縄出身者の沖縄県人会は米国でその活動は活発である[3]。日本人のエスニック・コミュニティの中で、場合によっては新・旧日系移民によって共有するものもあるが、百年以上米国に住んだ旧日系移民の多くは、独立したグループを形成することを好む傾向がある。

本研究は、新旧日本人のコミュニティを対照比較する際に、主にエスノグラフィの手法を用いて、ロサンゼルスにある日系エスニック・コミュニティを観察し、新一世コミュニティにおける日本語教育、およびエスニック・アイデンティティの維持と形成のプロセスを把握する。また、新一世と第二次世界大戦前の旧日系移民とを比較し、移住するパターンや目的、そして生活様式が時代とともに変化したことを明らかにする。移民は新生活を始めるにあたり、多くの困難に直面するのが一般的で、新しい言語、習慣、そして文化に自らを適応させる必要がある。本研究は、とりわけこのグローバル化において、グローバル化がともに進展している日本から米国へ渡る集団に焦点を当て分析する。観察を通じて、新一世・新日系移民の特徴や独自性を明らかにするとともに、百年以上前に渡米した第一波の旧日系移民との差異が明らかになることで、現代のエスニック・コミュニティとの関連性という知見が得られる可能性がある。

1980 年代以降に米国に移り住んだ新一世の数が増えているにもかかわらず、彼・彼女たちが既存の日系コミュニティに参加したり、あるいは別のコミュニティを形成している事実はそれほど知られていないだけでなく学術的な関心を集めるには至っていない。そこで本研究は、ウェスト・ロサンゼルスにある某コミュニティをケーススタディの対象とすることにした。

グッドマン、ピーチ、タケナカ、ホワイトら（Goodman, R., Peach, C., Takenaka, A. & White, P. eds.）は、移住者のグループおよび米国における新日系移民を観察し、「一時的移住者の流れと、その移動率の高さは、ある特定の場所に、いくつかの『コミュニティ』の特徴を持つ場を複数形成している」(2003, 79) と述べている。この説明は、特定の集団が自国を出国した後、移住先で母国の延長線上のようなコミュニティを作り出すという現象をうまく説明している。しかし一方で、どうして移住者たちは、母国の延長線上のような場を創造するにあたり、エスニック・コミュニティを作る必要があるのかということを検討する必要があるのではないか。

本研究では、新日系移民によるコミュニティと、それに付随する施設のスーパーマーケットや日本語学校での観察を通して、コミュニティ構築と維持のプロセスを示したい。本研究は、ロサンゼルスの日系コミュニティに対するエスノグラフィのケーススタディではあるが、同時に米国においてアジア系エスニック・コミュニティが果たしている役割と意味という全体的な考察にもつながると考えられる。すなわち、新一世が形成しているエスニック・コミュニティの持つ普遍性と一般性を検証することで、関連する研究がさらに進み、エスニック・コミュニティそのものの存在意義および、他のエスニック・グループとコミュニティの機能といった、より普遍化した研究へと広がる可能性があるからである。

1 グローバル化とトランスナショナリズム

新一世の定義の多義性という現実は、彼・彼女たちが米国のなかで、自分たちの存在を移民あるいは移住者とみなしているかという基本的な問いを投

げかけている。この問いは、彼・彼女たちが日本と米国の間をどう移動しているかを理解する必要性を示している。新一世の中には、最初から明確に米国に永住するのか、または一時的に留まるのか決めていない者が多く存在することは先述した。足立は、特に女性に焦点を当てて、彼女たちが移住する動機を「自らのキャリア形成に若干の不満を抱いて、仕方なく離れるものは少なくないが、多くは、留学、異文化体験、人との出会い、あるいは国際ビジネスなどより面白い仕事を探すためといったポジティブな動機で出国している」(2008, 41) と指摘している。換言すれば、日本人が日本を離れ米国に移り住む理由は、人によって実に多様である。移民として分類できる人もいれば、一時的に滞在する者もおり、また二つのカテゴリーのどれにも相当しないケースもある。当初は長期的な計画を立てずに、米国に渡ったが、結果的に米国に残ることになった新一世も少なくない。事実、新一世は文化事業従事者、専門研究者、労働者、小規模起業家等多様な集団から構成され、多くは中間層出身者という社会的背景を持っているとされていることは先述した通りである。

　米国に滞在する理由が多種多様である以上、アイデンティティに対する考え方も「移民」という言葉自体に対する認識も多様である。多くの新一世は、米国に在住しながらも、頻繁に日本と米国の間を行き来し、事実上日本と米国の二つの文化の間に同時に生きている。新一世のこうした動向にはトランスナショナリズム、グローバル化といった概念が関連していると考えられよう。

　山田は、「トランスナショナリズム」とは、祖国と移住先を頻繁に往復し、国境を越えて複数の生活拠点とネットワークを構築すること、さらに文化面でも異文化に同化するというより自文化や母語を保持する傾向を持っていることとみなしている (2004b, 17)。複数国を移動するという意味を持つトランスナショナリズムの視点から見ると、新一世には、日米両方のアイデンティティを維持する選択肢が残されていることから、「米国人」に同化しなければならない思いに悩まされることはないともいえる。それゆえ、長期間米国滞在しているにもかかわらず、強力な日本のアイデンティティを保ち続ける

新一世も少なくない。

　グローバル化という概念自体を定義するのは甚だ難しい。なぜなら、この語は色々な分野でそれぞれ違うコンテクストの中で用いられており、それぞれのコンテクストにおいて違う意味を持つ。「グローバル化」とは、国境を超えた政治、経済、文化的価値の流れを包摂したプロセスであると捉えられる。連日数えきれない情報、商品、資源が国境を超えて人々の生活の中に入り込み、また同時に自らの国や地域外に向けて発信されていく。ギデンズ（Giddens, A.）は、グローバル化を「世界規模の社会的関係の拡大であり、遠く離れた地域同士を繋げ、ローカルな地域で起きた現象でも、実は遠く離れた現象によって形成されており、その逆もまた然りである」(1990, 64) とみなしている。ロバートソンは国民国家、社会制度および人間という枠組みにおいて全世界はますます縮小されていると主張し、これこそがグローバル化であると論じている (1992=2001, 11)。

　一方カーニー（Kearny, M.）は、トランスナショナリズム理論に関連付けて、グローバル化との違いを「トランスナショナリズムはグローバル化と重複する部分もあるが、グローバル化よりかなり範囲が限定されている。グローバルなプロセスは、単一の国や領土の範囲を大きく逸脱して全世界規模で行われるが、トランスナショナルなプロセスは、一つやそれ以上の民族国家に立脚し、国境を越える」(1995, 548) とその差異を示したうえで、定義づけている。

　現代における新一世が海外に滞在する状況を旧日系移民である日系アメリカ人と比較すれば、グローバル化は両者を区別する大きな相違点であるといえよう。当時の通信・交通事情そして経済状況に鑑みると、旧移民は母国の日本との強くて長続きするつながりを保持していなかった。一方、今日の米国の新一世を含む海外に在住している新日系移民を、グローバル化やトランスナショナリズムに関連した理論を通して検証すると、移民たちの行動と移民することへの理解においても関連性があり、グローバルな流れを受けて母国と移住国との関係もより緊密であるのが明らかである。トムリンソン（Tomlinson, J.）が「グローバル化はアイデンティティを破壊するのではなく、むしろ重層的なものに増加させているため、新しいグローバルな時代は、ア

イデンティティ研究をより複雑なものにしている」(2003, 271-272) と指摘しているように、新一世や新二世といった新日系移民のアイデンティティも重層的と捉えられるのではないだろうか。

　本節ではトランスナショナリズムについて先行研究をもとに検討してみたい。トランスナショナリズムという用語は、本来は「複数の国が共同に事業を行うために共同に設置した組織的な仕組み」を意味している。広い概念だったが、現在は「人、アイデア、商品、信仰、価値観、資本などが国境を超えて移動することとそのつながり」と定義されている (Adachi, 2006, 3)。トランスナショナリズム概念は多くの分野で使われるようになり、とりわけ国家と国際間を移動する移民の多元的な比較分析の際に用いられるようになってきた。人々が二つあるいはそれ以上の国々の間に、腐心して維持してきた歴史的、文化的、そして社会的な繋がりを指すとされている (Schiller, Basch & Blanc, 1995; Weber, 1999; Li, 2009)。

　西洋諸国に移民する事例の政治・経済的動機を説明する際に、トランスナショナリズム概念を使用しているケースもある。サフー とクライフ (Sahoo, A. & Kruijf, J. G.) は、「トランスナショナリズムは、知識、技能、そして富が中核の国から半周縁及び周縁に位置する地域に移転する際の有効な手段である」(2014, 178) と説明している 。しかしながら、新一世はこのような限られた定義の範疇に属さないとも見て取れる。その理由としては、例外があるにせよ、新一世の大多数は米国に移り住む前に相応の教育を受けた経験があり、日本社会においても中層あるいはそれ以上の市民たちであることが多いからである (ホーン川嶋、2018, 83)。トランスナショナリズムは、国を超えた国づくりに立脚した流動的なプロセスを強調し、出身国あるいは育つ土地のどちらも重視することなく、時間と空間を単一の社会的分野に収束させているとする見方もある (Schiller et al. 1995; Hoffman, 2004)。

　リー (Li, 2009) は、エスノグラフィ手法によりカリフォルニア州ロサンゼルスの郊外に住む中国系旧移民と新移民を比較し、現代中国人移民のパターンを示している。リーが行ったケーススタディは、ロサンゼルスの東側の郊外にあるサンガブリエルバレーの新中国人移民コミュニティを観察し、以下

のような知見を提示している。

> トランスナショナリズムは経済的、政治的、及び社会文化的な面で観察される多面的な現象である。経済的トランスナショナリズムは、すでに研究が着手されてきて、その場合の研究の焦点は、主に移住者の送金額、移民やマイノリティ・ビジネスが手がけた金融資産の国境を超えた移転、それから大規模な多国籍企業による経済活動などに絞られている。政治的トランスナショナリズムは、市民権、非政府組織（NGO）の活動、その他の組織の活動面が注目されている。トランスナショナリズムの社会文化的な面に関しては、「関係性」および「経験的」な面に焦点が当てられ、前者は個別現象を指し、後者はアイデンティティや帰属意識に対する個別の事象を指している。(27)

　本研究でトランスナショナリズムという理論的枠組みを導入するのは、主に以下の二つの要素を検討するためである。すなわち、①日本を離れ米国に移り住む理由と、②アイデンティティの形成、維持、そして確立である。この二つの要素は、より広いコンテクストで捉えられ、ロサンゼルスに住む新一世や新二世を含む新日系移民を定義づけることにもなる。本研究では、新日系移民の自己の位置付けやアイデンティティを分析する際にトランスナショナリズムの概念を応用する。トランスナショナリズムという理論的枠組みはロサンゼルスに住む新日系移民を理解するうえでも重要である。新日系移民はロサンゼルスに住んでいても、母国である日本とのネットワークやつながりを維持し続けている。グローバル化によって利便性が高くアクセスしやすい通信手段があり、即時にコミュニケーションが取れる技術が登場している。世界中のどこからでも、母国の文化や最新のニュースにアクセスできる。こうした技術の進歩は、トランスナショナリズムが地球規模で浸透する素地となっている。言い換えれば、移民とトランスナショナリズムという概念の関係性は、技術の進歩による国境を越えて簡単にできるコミュニケーションの広がりによって深化するともいえるだろう。

まとめると先行研究で指摘されているグローバル化やトランスナショナリズムという概念は、旧移民と新一世との差異を説明する理論的枠組みとしても位置付けられる。旧移民も「帰米」や日本語学校での母語の維持を通じての母国「日本」との関わりやつながりは存在したが、グローバル化の進行による地理的および時間的空間の狭小化による日本との至便かつ長続きするつながりという点で、新一世は、グローバルな流れを受けて母国と移住国との関係性もより緊密であるのが明らかである。利便性が高くアクセスしやすい通信手段があり、即時にコミュニケーションが取れるビデオ・テキストメッセージ、電子メール等の登場、そして、ICTを通じて世界中のどこからでも、母国の文化や最新のニュースにアクセスが可能という状況は、母国である日本とのネットワークやつながりを海外でも維持し続けることは容易となるからである。それゆえ、グローバル化とトランスナショナリズムは切り離せない複合的な関係でもある。現代における移民のトランスナショナリズムは、技術の進歩と便利になったコミュニケーションと密接な関係を有している。リーは「移民は、過去のように新たな地に根を下ろし自分を受け入れた社会に溶け込もうとする存在ではなく、「越境する移住者」(トランスマイグラント)として、自国と移住先の両方において強い繋がりを持ち、両方から認められる存在である」(2009, 26)と論じている。

2　現代日本におけるトランスナショナリズムの実際

それではどのようにグローバル化やトランスナショナリズムは現代の新日系移民との関連性があるのかについて検討してみる。技術の進歩に伴い、グローバル化は、移民の移動、そしてエスニック・コミュニティの構築などの面において、従来とは異なるパターンの形成に寄与している。たとえば、リーズナブルで手が届く費用での旅行は、米国に在住している新日系移民の大半にとって簡単に利用できる。特に多様に設定されている航空運賃や規制緩和による航空業界の再編以降のLCC（格安航空会社）の登場により、その恩恵を享受することができるようになった。それゆえ、中間層の人々にとって、毎

年ないし年に複数回という頻度で日本へ帰省することも可能である。実際に先行研究は、頻繁に母国や第三国との往来を重ねることで、トランスナショナルな繋がりが形成されると指摘している (Portes, Guarnizo & Landolt, 1999)。

ポルテス、グアルニソ、ランドルト (Portes, A., Guarnizo, E., L.Landolt, P., 1999)、バッシュ他 (Basch et al., 1994) らの先行研究では、現代のトランスナショナリズムは、国際移住者あるいは国際的に移動する人々が母国と移住先のホスト国間を簡単に「越境」することと、両方において強力かつ永続性のあるつながりを構築することにおいて、劇的な変化をもたらしていると指摘している。米国における新日系移民の例においても、絶え間なく移り住んでは帰国する一時的滞在者あるいは永住者の循環は、米国で持続的かつ日本と時差のない情報や流行を反映したコミュニティを形成している。新日系移民にとって、このようなコミュニティは日本そのものを明確に映し出す場となっており、そこは決してつぎはぎという印象での日本社会の代替品ではない。

したがって、トランスナショナリズムの理論は、ロサンゼルス地域における新日系移民の動向の検証にも応用できる。海外の新日系移民が、一般的に日本に強いつながりを持っているのは、疑う余地がないが、このようなつながりを検証する際に、トランスナショナリズム理論を用いることで、アイデンティティをめぐる諸問題を理解することが容易になるだけでないばかりか、新一世親世代の子供の教育に対する目標とそのための準備がどのようであるか、そしてそのストラテジーを検証することにも応用できる。新日系移民は、エスニック・コミュニティ内でユニークともいえる日本らしさを創造し、同時に旧日系移民との差異も作り出すことで、日本と米国における自らの位置づけを図っているともみなされよう。米国に滞在するあるいは滞在した時間軸によって、新日系移民の日本に対するアイデンティティや日本とのつながりが左右されることも重要な視点としてトランスナショナリズム概念との関係を考察することが不可欠となる。新日系移民は、先述したように米国に住みながらも、母国とのつながりを保持し、ホスト社会との越境を行っている。そこには、グローバル化といった要因に加えて何らかのストラテジーがあるのではないか。言い換えれば、トランスナショナリズム概念の視点を通して、

ロサンゼルスにおける新日系移民とそのコミュニティ、日本語学校を観察することで、彼・彼女たちの移動するサイクルや経路を分析しなければ、このような問いに答えることもできないだけでなく、トランスナショナルな概念そのものが抽象的な概念としてしか捉えられない。

「現代の国際人」(contemporary cosmopolitan)とは、ある特定の人々やグループが、負担を強いられることなく簡単に国境を越えることができ、伝統的な国籍や地域の縛りに左右されることなく自らのライフスタイルを構築できる者とすれば、現代の新日系移民をこのような国際人とみなす見解も可能となる[4]。先述したように、グローバル化で構築されたネットワークと、簡単にアクセスできる交通手段とコミュニケーション・ツールの登場は、日本と米国の間のネットワークを極めて緊密なものにしている。社会的ステータスが比較的高い層ほど、グローバル化によるネットワークやコミュニケーション・ツールの恩恵を容易に受ける割合も高いともいえよう。なぜなら、合法的な在留資格や市民権を獲得することで、自由に行動ができるだけでなく、資産運用も柔軟にできる。実際に、国境を超える移住者として、新日系移民のアイデンティティは程度の違いこそあれ日米両国に関係していることが認知されている。

カメヤマ(Kameyama, 2012)は、国境を超える移住者は、帰属意識、市民権、そして移住することなどの既成概念に一石を投じていると述べ、安定的、一方的、縛られたものであるという伝統的な考え方の範疇を超えて、変動的、双方向的、どの単一の国家にも縛られていない存在であると述べている。

もちろん、全ての移民は、ある程度トランスナショナリズムの影響を受けているが、現代米国社会におけるアジア系アメリカ人のコミュニティを観察すると、あるアジア系アメリカ人集団はトランスナショナルなアイデンティティを維持している一方で、「アメリカ的な」アイデンティティに溶け込もうとする傾向が顕著な別の集団も存在している[5]。

海外に住む新日系移民のケースに関していえば、日本との強いつながりを維持することで、トランスナショナル・アイデンティティをも明確にしているといえるのではないだろうか。トランスナショナリズムは、新日系移民の

ライフスタイルや米国における生活の選択に大きな役割を果たしているとするならば、トランスナショナリズムを本研究の基本概念や理論的枠組みとして導入し、新日系移民が米国および日本において、社会的および文化的な関わりを持つプロセスを見ていくことが合理的であるといえよう。

3　エスノバーブ概念とは何か

　リー（2009）は、グローバル化とトランスナショナリズムによって劇的な変化を遂げた現代社会の移民モデルに対する新しい「エスノバーブ」という見解を提示している。リーは主にロサンゼルス郡に住む中国系の移民集団を対象にした研究を通じて、「エスノバーブ」（ethnoburb）という概念を提示したが、これは新中国系移民の状況を説明したものであった。リーは、「エスノバーブというモデルは、移住先の文化に同化するのは不可避だとするこれまでの定説に疑問を投げかけている。また、米国に住む移民や他の少数民族のマイノリティにとって移住に伴う諸問題に対処する上での理想的な解決法でもある」（2009, 4）と主張している。エスノバーブは、政治・経済地域分布の研究手法や理論を、エスニック・民族の分野の研究によってもたらされた文化的焦点と結合させた概念である。いわゆるエスノバーブは、伝統的な都市部の郊外と少数民族居住区との中間地点に位置し、その大きな特徴は、必ずしもどれか特定の一つのマイノリティグループが全体的な役割を果たしているとは限らない。このような新しいモデルは、これまでのエスニック・コミュニティの知見に対する代替案になりうるのではないだろうか。伝統的なエスニック・コミュニティに関する見解では、移民は米国に移住すれば、いわゆるスラム街か、あるいは厳格に区別された民族居住区のいずれかにしか住む以外の選択肢がなく、このような居住パターンがホスト社会での同化過程や社会経済的地位の向上させに関する流動性に影響を及ぼすと考えられてきた（Portes & Manning, 1986; Etzioni, 1959）。事実、多くの先行研究でも実証的にこうした居住状況が検証されてきたといえる。

　現代社会においてエスノバーブが登場する要因としては、リー（2009）は

グローバル化による経済圏の組み直しは、母国で高等教育を受けた者、熟練した技能を持つ者、あるいは裕福な移民により多くの機会を与えている。このような移民たちにとって、新しい経済圏のもとでは、彼らが従事する仕事や果たす役割は、必ずしも英語の語学力が必要とは限らないことを挙げている[6]。

　しかし、新日系移民の中には、このようなカテゴリーの範疇に属する者も少なくなく、とりわけ企業の派遣による一時的滞在者はその例であるといえよう。典型的な日本の会社の海外支社では、一時的滞在者への支援を行い、従業員が働く環境では、日本的アイデンティティや、日本の社会規範が所与のものとされており、限られた英語力しかなくても問題がない。日本に関わるビジネスに従事する一時滞在者たちにとって、米国社会に順応あるいは適応しなくても、成功する機会は十分に提供されている。リーは、このようなタイプの滞在者にとって、米国との関係はトランスナショナルでグローバルなつながりを発展・維持していくための鍵としての意味を持つと見ている（2009, 39）。またリーは、ロサンゼルスのような都市はエスノバーブを作り出す理想的な候補地であると述べている。その理由として、これらの都市に共通する特徴として、多種多様な移民ネットワークの存在、利便性の高い交通手段への容易なアクセス、新規ビジネスを含むビジネス機会が溢れていることを挙げている。統計調査の数字からも、ロサンゼルス郡は全体的にリーの提示する要件を満たしており、リーが示した経済的指標から新日系移民にとってのエスノバーブに合致しているとみなされる。2007年には、およそ8万3千人の日本国籍を保有する者は南カリフォルニア地域で仕事や生活をしていたとされている（Consulate General of Japan in Los Angeles, 2007）。カリフォルニア州に進出している日本企業の46％はロサンゼルスに籍を置いており、この数字は日本以外の場所で操業している日本企業の最も大きな集積地となっている[7]。

　ロサンゼルス郡における新日系移民コミュニティを、エスノバーブの一つの例として捉えると、トーランス市（the city of Torrance）はまさにそのような候補地だといえよう。相当な数の新日系移民がこの地や周辺エリアに居住して

いるが、その背景として、グローバル化に対応した経済活動の象徴としての日本企業の存在とそうした企業関係により生じた海外市場でもあるからである。世界にも知名度の高い日本企業であるトヨタとホンダは、トーランスに米国本社を置いている。また、全日空の米国本部もこの地に置かれている。他にも多くの日本企業がトーランスに海外支社を置いているが、このような事実は、日本企業がいかにこの地域を好んで選択しているのかの証左でもある。

　2000年の人口統計によると、トーランスの人口の9.8パーセントは日本人に占められており、日本をルーツに持つ人口比率が最も高い（Mapping L.A., Torrance）。また、南カリフォルニアにおける日系企業の平均的給与は、カリフォルニア州全体の平均より48パーセントも高いという統計データもある[8]。こうした統計からは、日本企業で働く一時的滞在者と現地採用者を含む長期滞在とされる被雇用者は、経済的にある程度豊かであると推察され、伝統的な少数民族居住区やスラム街に共住している移民とは一線を画していることが見て取れる。

　リーの提唱しているエスノバーブの概念は、米国に住む新日系移民内の多くのサブ集団にも適用できると考えられる。日本企業に属する一時的滞在者のみならず、小規模ビジネスを起こしている事業主や、サービス業に従事する者、そして労働者もエスノバーブに重要な役割を果たしている。多くの人々は、エスノバーブにおいて必要とされるエスニック・ビジネスへの需要を満たすサービスを供給する側でもあり、そのサービスの受給者としての役割も担っている。エスニック・ビジネスの需要と供給は、ホスト国や母国および場合によっては第三国とに関与するトランスナショナルな職業を持ちながら、海外においても日本的な規範や習慣を維持しようとする人たちによって支えられているといっても過言ではない。エスニック・サービスを提供している代表的な例は日本の食材を扱うスーパーマーケット、日本食レストラン、本屋等であり、補習校、日本語学校、展開している日本の塾などもそのカテゴリーに入る。新日系移民がトランスナショナルなエスニック・アイデンティティを維持する上で、これらのサービスは不可欠である。

　エスノバーブでは、日本語によるサービスの供給と受給も可能で、日本文

化の規範に沿った形で提供されていることも特徴である。それゆえ、米国に同化するという選択肢以外に、新日系移民は母語、文化、社会規範さえも保持することが可能である。トランスナショナルな新日系移民が自らの日本的アイデンティティを維持する仕組みは、日本の製品や日本的なサービスを新日系移民のなかでも労働者層に属する人々によって提供されるという構築された構造によって支えられている。ある意味では、教育を受けた裕福な層に属するトランスナショナルな新日系移民が、エスノバーブとしてのコミュニティ内の労働者によって文化やアイデンティティに関するサービスを提供される一方で、労働者層はトランスナショナルなライフスタイルに対するアクセスがより貧弱であるとこの構造を批判的に捉えることもできる。しかしながら、すでに先進国として発展し、一般的に豊かと認知されている日本から渡米しているという状況から、新日系移民のコミュニティでは経済的な豊かさで階層化される傾向は、他のエスニック集団である移民と比較すると少なく、「貧者と富者」とあえて表現したとしてもその関係性は互いに利益をもたらし、さらに新日系移民のコミュニティ内のエスニック・アイデンティティの強化にもつながるともみなされよう。

4 新日系移民に応用するエスノバーブ理論

　エスノバーブの存在は、コミュニティの所在地と構造を分析するだけでなく、新日系移民コミュニティがいかに運営され、自らのエスニック・グループに貢献しているかについて、積極的に作用している側面もある。エスノバーブとしてのコミュニティは、単に日本製品を購入し、日本食を楽しむ場所としての存在に留まってはいない。米国における新日系移民のトランスナショナルなライフスタイルから見れば、エスニック・コミュニティがより大きな役割を果たしているのは明らかである。商品やサービスに加えてある種の「日本らしさ」も同時にコミュニティ内で提供されている。「日本らしさ」とは、雰囲気であったり、日本の最近の流行であったりするが、要するにエスノバーブに行けば疑似的であったとしても「日本」に浸れるという経験や

味わいを意味している。この仕組みの存在が、自らの日本的アイデンティティを維持するか、あるいは米国社会への同化を選択するかということにも影響力を持っているという点で、新日系移民にとっても重要な意味を持っている。新日系移民が経験してきた教育のレベルが多様であり、教育水準が違う集団あるいは目的、滞在期間によっては、選択肢が限られている場合もある。

　一般的には、企業の一時的滞在者は、取り巻く環境の影響で、日本的アイデンティティを維持する傾向はより顕著であるといえる。なぜなら一時的滞在者の大多数は将来母国に戻るため、英語力を身につけるプレッシャーは比較的に少なく、企業等の経済的支援やフリンジベネフィットもあることから、子女の教育や住宅環境の選択の幅は広い。米国社会に構造的に同化して生活する必要性も逼迫しておらず、米国社会においても自主的に行動することも可能である。

　一方、労働者層は選択肢が少なく、生活するためにある程度米国社会に溶け込む必要性に迫られている。中国系などの大きな移民グループとは違い、日本人客だけに相手をすれば商売が成り立つほど新日系移民の数は多くないことも忘れてはならない。結果的に、サービス業に従事する者は英語と日本語の両方でサービスを提供することを強いられ、日本人、米国人両方の顧客のニーズや好みに合わせる必要がある。これらのエスニシティに特有の要素は、エスニック・コミュニティを理解する上で重要であり、新日系移民にどのようなサービスを提供するかを理解するためにも大きな意味を持っている。

　新日系移民コミュニティ、とりわけウェスト・ロサンゼルスのソーテル(Sawtelle)地域を中心に、トランスナショナルな視点を通して日本的ビジネスを考察すると、色濃くグローバル化の雰囲気を呈していることがわかる。このエリアにおける日本スーパーマーケットの顧客の大半は新日系移民か日系人なので、日本の著名ブランドが手がけた製品や生活用品などは一通り揃う。米国製品の陳列はなく、ほぼ全ての商品は、日本国内と同じような包装が施され、ラベルが貼られている。日本国内のスーパーマーケットとの違いは、強いて言えばここの加工フードは日本語の表示の他に、英語のラベルが貼られていることぐらいであろう。さらに、スーパーマーケットの入口と出

口の前に置かれているフリーペーパーの多くは、日本語のみで書かれており、英語訳版は提供されていない。このスーパーマーケットは米国にありながら、日本人コミュニティの需要のみを対象としている。このようなエスニック・マーケット以外に、色々なタイプの日本をめぐるビジネスが存在しており、商品だけでなく、米国にありながら、文化的・社会的に日本的なテイストを提供する役割を果たしている。こういう例を見れば、いかにエスニック・コミュニティが、日本の外で日本的アイデンティティを維持するのに重要であるのかが理解できる。

5　エスニック・コミュニティの意味と役割は何か

　海外における移民集団により形成されている集住地区（以下エスニック・コミュニティ）の役割についての研究は数多く蓄積されてきた。モーデル（Model, S.）は、ニューヨークにおけるユダヤ系、イタリア系、そしてアフリカ系アメリカ人のエスニック・コミュニティを対象にした研究からエスニック・コミュニティを特定のエスニック・グループが独自の活動に従事し、影響力を発揮できる職業的な隙間として機能していると論じている（1985, 64）が、この見方は米国における日系コミュニティと共通する面も少なくない。今日のエスニック・コミュニティである日系コミュニティは、一時的滞在者、留学生、国際結婚グループそして新一世・新二世が関わっているという複雑かつ重層的な特徴を備えているといえよう。

　ギュンター（Günther, G.）はドイツ・デュッセルドルフの日系コミュニティを調査し、日系コミュニティの拡大に伴い、日系ビジネスは新たな市場機会を認識し、スーパーマーケットや書店、美容院、不動産屋、飲食店、カラオケ店が登場して多国籍企業の社員とその家族のニーズに対応していると指摘している（2003, 110）。日系コミュニティにおける情報の収集や日本文化との接触を通じて、ライフスタイルや文化、国外でのアイデンティティの保持を可能にし、それがまたエスニック・ビジネスを成り立たせるという双方向的な役割を果たすという見方である。この知見は、モーデルの「エスニック・

エンクレイブ(コミュニティ)はエスニック集団が何らかの活動と影響力を確保している占有空間」(1985, 64)という主張とも重なる。

　グッドマン等は、ドイツ、イギリス、米国、香港、シンガポール等における日系コミュニティでの調査研究から、移住先の都市や国で孤独を感じる日系移住者は、世界各地の都市で日本の文化的・社会的景観を形成することで、東京や大阪と同じような規律や期待を内面化し、日本的な社会環境に浸ることができると述べている(2003, 9)。こうした空間にリーが提唱しているエスノバーブ理論を当てはめ、グッドマンらの知見を参照すると、新日系移民は日本でのライフスタイルの延長で日系コミュニティを形成していること、それゆえ、ホスト社会との限られた接触をも可能にするといえるだろう。

注

1　ここでのつながりとは母国への一時帰国や肉親との密な連絡あるいは母国の最新の情報の入手などを意味している。
2　倉田和四生は著書『北米都市におけるエスニック・マイノリティ：他民族社会の構造と変動』において、北米の大都市にはこのような移民のエスニック・コミュニティがほとんど例外なく見られるものであるとし、その形成される要因について文献を用いて理論的に分析している。
3　https://www.rafu.com/tag/ 北米沖縄県人会 / を参照している。
4　こうした現代の国際人の議論は、しばしば留学生同士の議論の場や後の章で提示している新一世の親世代や新二世とのインタビューの中で現代の国際人とは何かについて言及された内容をまとめている。
5　このような移民集団はどの国からの集団と決めつけることはできないが、比較的母国の経済的・政治的状況が不安定な国からの移民集団にこうした傾向が観察される。
6　従来の移民集団では、移住後のホスト社会で構造的に同化し、地位を向上するためにはホスト社会の言語(ここでは英語)を習得することが必要条件であったが、新たなグローバル化とトランスナショナリズムにより、母国と移住先のホスト国、あるいは第三国を移動することにおいては必ずしもホスト社会の言語を習得し、ホスト社会に構造的に同化する必要がない。この意味では一時的滞在者とも類似点が生じる。
7　Consulate General of Japan in Los Angeles, 2011, *Japan-Southern California Economic Relations*, Los Angeles, CA.
8　Consulate General of Japan in Los Angeles, 2011, *Japan-Southern California Economic Relations*, Los Angeles, CA.

第2章　旧日系移民と新日系移民

> **本章のねらい**　本章では、先行研究を中心に、旧日系移民と新日系移民を取り巻く環境の差異、早期の旧日系移民と子女の教育、エスニック・コミュニティの役割、新一世の米国移住の社会的意味について把握する。米国に住む新旧日系移民の明確な違いを検証するにあたっては、移民時期や米国に到着した際の歴史的背景を把握する必要がある。そこで本章では、旧日系移民の歴史を文献による先行研究を通じて検討し、旧日系移民コミュニティから、現代の新日系移民コミュニティへと論点をシフトしている。

1　旧日系移民と新日系移民を取り巻く環境の差異

　現在の米国では、旧日系移民とその子孫は日系アメリカ人と呼称されている。日系アメリカ人が米国に移住するようになってからの歴史は長く、19世紀末から20世紀の半ばまでに遡ることができる。他の移民集団同様、日系移民の歴史を通じて、旧日系移民は米国社会における居場所を探し、定着していくうえで苦労した過去を持っている。旧日系移民集団のアイデンティティも、数回の世代交代とともに変貌をとげた。ノグチ (Noguchi, Y.) は約100年前に米国に移り住み、その後帰国して、最終的に慶應義塾大学の英語教員になった。また、タカキ (Takaki, R.) が著した『*Strangers From a Different Shore*』は、ハワイに移住した日系アメリカ人に関する著書で、彼・彼女たちの労働史、「写真お見合い」[1]、第二次世界大戦中の戦争体験などを紹介している。しかしな

がら、多くの初期の旧日系移民は、米国においても日本町[2]を形成し、そこで伝統的な日本の文化・風習を維持し、日本人としてのアイデンティティを保持していたという印象を持たれている。旧日系移民の子孫である日系アメリカ人は、自らを日本にいる日本人と同一視しないという意志が明確で、後者は本質的に異なるエスニック集団となっているように見受けられる。たとえば、筆者が旧日系移民の四世に相当する大学生にインタビューした際、彼らの日本に対する認識や見方は、現在の日本や日本人の現実とはかなり異なっていることに気づかされた。四世である若者が持つ日本のイメージは、100年以上前に移住した父祖たちの持つイメージに根ざしていたり、そのものであると思われた。

　ところで、米国にある程度長期間にわたり滞在するようになると、日系アメリカ人とは別に、戦後になって米国に移り住んだ新日系移民や一時的滞在者の存在に気づくことになる。新日系民は、旧日系移民とは諸側面でかなりの差異がある。その主な理由としては、両者が直面する歴史的環境が劇的に変化したことが大きいと思われる。旧日系移民の子孫である日系アメリカ人はもはや第二言語としても日本語ができる人は少ないという現状において、日系アメリカ人の文化や生活様式も新日系移民のそれと大きな隔たりがある。日本語以外にも、新旧日系移民の間にいつかの差異が認められる。たとえば、米国で携わっている職業、子女の教育の状況、そして文化への関心や継承に大きな差異が見られる。旧移民が米国に移り住んできた長い年月を経たという経過から、日系アメリカ人で日本語ができる人は少なくなっているという現状に、日系アメリカ人の歴史的変遷と近年の新日系移民を取り巻く環境からもたらされる違いが象徴的に反映されているといえるだろう。

　米国に住む新旧日系移民の明確な違いを検証するにあたっては、移民時期や米国に到着した際の歴史的背景を把握する必要がある。そこで本章では、旧日系移民の歴史を文献による先行研究を通じて検討し、旧日系移民コミュニティから、現代の新日系移民コミュニティへと論点をシフトしていく。

　歴史学やエスニック研究の分野ではタカキをはじめ、文化人類学者のベフ（Befu, H.）、歴史学者のアズマ（Azuma, E.）、イチオカ（Ichioka, Y.）、吉田、森本

諸氏は、第二次世界大戦より以前に米国に移り住んだ旧日系移民やその二世の日系アメリカ人が持つ長い歴史に対し、示唆に富む研究知見を提示している。米国あるいは日本からの視点にせよ、または両方の視点を組み合わせたアプローチでは、日系アメリカ人の全体像を作り上げるのに、かかすことのできないパズルを提供している。このような先行研究のレビューとして、日系アメリカ人を明確に定義することにより、逆に旧日系アメリカ人集団と新日系移民集団との比較対象としての意味を持つのではないだろうか。

　一方、新日系移民を理解するためには、米国に移り住んだ旧日系移民の歴史を重要な出発点としての位置づけることが不可欠である。旧日系移民を検証したのち、次に第二次大戦後に米国に渡った新日系移民の方へ焦点を移していくことにしたい。この新世代に当たる日系移民はいかなる特徴を持ち、また彼らを取り巻く社会状況がどのような特徴を生み出しているのだろうか。現代の新日系移民コミュニティを検証する際に直面する大きな問題の一つは、歴史が短いだけでなく定義や区分は明確でない新日系移民に対して、先行研究や統計データが非常に少ないことである。そのため本研究を通じて新たな特徴が浮かび上がる可能性もある。

2　早期の旧日系移民

　ロナルド・タカキの研究は、日系アメリカ人の歴史を検証する際の出発点として位置づけられるが、1998 年の著書『*Strangers From a Different Shore: A History of Asian Americans*』においては、米国に移住した第一波の日系移民をとりわけ第二次世界大戦前の第一と第二世代のアジア系移民の変遷とを比較している。タカキはハワイ育ちの日系二世ということもあり、中国系、韓国系、インド系、フィリピン系など、米国における日本以外のアジア系移民の全体像とその社会的地位を示しているが、特にハワイや米国西海岸における日系アメリカ人の像および社会的地位が詳細に提示されている。本書を通じて、タカキは異なる国と地域から渡米したアジア系移民は、各々が米国社会で生活していくうえでの独自の戦略を持ち、適応していく過程に差異が見られるが、こ

うした独自性と差異を一つの特徴とすることにより、米国社会で生き続けられた、いい換えればサバイブできたと主張している。また、アジア系移民の親の教育戦略や子育ての方針にも差異が存在しているとしている。

　現在の日系アメリカ人父祖の大半は、1900年代の初頭に米国に渡った。当時の日本の経済・社会状況は極めて厳しく、多くの日本人は米国で富と豊かな生活を送ることを夢みていた。しかし、1882年に執行された中国人排斥法案は、中国人労働者による米国への移民を禁じたものであったために、旧日系移民にはこの法案は適用されなかったことから、日本人の米国への移住の後押しとなり、大ブームとなった。「1917年移民法」がアジアからの移民を禁止したが、日米の「紳士協定」によって日本からの家族呼び寄せは免除されていた。「1924年移民法」の一部としての「アジア人排斥法」の制定により、日本からの移民は禁止された。この移民法は「排日移民法」と呼ばれている（ホーン川嶋, 2018）。しかし、それまでの移民と米国で出生した二世の自然増により、1910年から1930年の間に、日本から米国に移民する人数は倍増し、138,834人にも達したという（Takaki, 1998）。タカキは以下のように述べている。

　　移民たちの多くは、主に太平洋沿岸州に集住していたが、その中でも特にカリフォルニア州が多かった。1900年には、アメリカ大陸に住む日本移民の総人口の実に42パーセントは、カリフォルニア州に居住していた。この数字は30年後にはさらに70パーセントへと上昇した。…（中略）約40パーセントの日本人移住者は、米国を恒久的な移住地つまりホームとみなし、子供たちとともに、日系アメリカ人が米国に定住する基盤を構築した。（181）

　タカキ（1998）は、早期のアジア系移民が米国、とりわけハワイで直面した深刻な労働条件の問題も提示している。米国に渡ったアジア系移民の多くは、彼らより早く米国に渡ったイタリア系、アイルランド系、東ヨーロッパ系の移民が従事していた肉体労働を肩代わりするようになったが。アジア系移民

が直面した人種差別や偏見は、ヨーロッパ系移民が経験したそれとは比肩できないほど厳しいものであったと述べている。

　大半の日系アメリカ人は農業で生計を立てることに落ち着いた。大方の日系人農民は、面積が 49 エイカー以下の土地を運営する小作農として生計を立てていたが、収穫した農産物をロサンゼルス、サクラメント、フレスノ、サンフランシスコなど都会のローカル・マーケットにトラックで運搬する者も登場した (Takaki, 2000, 193)。このようなライフスタイルは、移民たちにとって非常に馴染み深いものであった。渡米以前に、当時の日本社会においても貧困に直面していた農家の出身者が多かったが、彼らは移住してきた米国においても結果としてかつての職業である農業に従事することになったからである。

3　旧日系移民と子女の教育

　モリモト (Morimoto, T.) は、旧日系移民が米国に直面する諸問題を、とりわけ教育という面で検証してきた。『*Japanese Americans and Cultural Continuity: Maintaining Language and Heritage*』(1997) では、20 世紀初頭に渡米した第一波旧日系移民の定住日系人コミュニティ形成時期から、1940 年代ごろに焦点を当てているが、本研究では、第一世代にあたる一世は、第二世代にあたる二世の子供たちの教育に対して、どのような観点でとらえ、実践してきたかを検証している。

　早期の日系アメリカ人の教育史は、米国教育史全般を見るうえでも不可欠な存在である。構造的に米国のメインストリーム社会に適応し、同化していくことは、社会的地位の上昇にとって必須となる。そのための手段として、教育は大きな役割を持つとタカキは指摘し、事実、一世の親は教育の役割をそのように位置づけていた。しかし、英語による教育と同時に、「日本的」な教育を提供することも同時に実施していた (Takaki, 2000)。モリモト (1997) は、1903 年から 1921 年を範囲に行った日本語学校に対する研究を通し、最初に建てられた日本語学校は、1903 年にケイゾウ・サノ (Keizo Sano) 氏とそ

の妻がカリフォルニア州サンフランシスコに設立したもので、その名も「日本語学院」(Nihongo Gakuin)であることを提示した。この時期の日系人のコミュニティにおける居住場所は密接しているという特徴があり、集住地区での日系アメリカ人のニーズに応える形でこのような学校は多く設立されたと指摘している。モリモト(1997)は以下のようにこうした日本語学校の役割を説明する。

> 移民とその移住先の国の間に横たわる愛憎が入れ混じった複雑な関係性は、そのまま一世たちが子供である二世の教育態度に反映されている。公教育に対して大きく評価する一方、日本語学校を維持し、一世たちは日本語学校が言語と文化遺産のシェルターとみなしていた (30)。

多くの一世にとって、米国に渡り、心身ともに負担の大きな肉体労働を続けてきた目的は、いつか充分な金額をため、その金銭を持って日本へ帰国することであったという。こうした状況において、将来帰国するかもしれない子供たちのために日本語教育に重点を置くのは理にかなった行動であると推察できる。初期の多くの日本語学校は一世の親のニーズに応える形で運営されていた。仕事で忙しく、時間に余裕のない親の代わりに、子供たちの面倒を見たり、日本語を教え、日本文化の継承も様々な行事を通じて経験させ、子供に社会性を身につけさせたりするなどの役割を果たした (Morimoto, 1997, 30)。多くの先行研究は、日本語学校とは単に二世の子供が母語である日本語を勉強する場にとどまらず、移民の第一世代と第二世代の間の「日本人性」を継承し、つないでいくという橋渡しの役割の有用性を指摘している (Befu & Guichard-Anguis, 2003; Takaki, 2000; 森本、ナカニシ編, 2007)。

日系アメリカ人の教育ストラテジーに関して、もう一つ興味深い現象、いわゆる「帰米」(kibei)の存在がある。帰米とは、日系アメリカ人二世でありながら、日本に送られ、母国の学校で教育を受けた後に、最終的に米国に戻ってくる子供を意味している。モリモト(1997)は、1920年代から第二次世界大戦が勃発する前までの時期を中心に、帰米の子供たちがどのような学校に送

り込まれたかを調査し、帰米の子供たちが直面した問題点も検証している。第二世代の子供たちの存在は、日系アメリカ人コミュニティにおける多くの一世が、いかに母国に本とのつながりを重要とみなし、かつ母国に子供を送り込むことによって、日本的アイデンティティを維持させることを選択したかを示しているといえよう。

　しかしながら、日本語学校が直面した共通の課題は、いかに二世に、「日本人でありながら、同時に米国人であれ」と教えることの矛盾と困難であった。時代の変化と時間の流れに伴い、日本的アイデンティティを維持しようとする努力は現実の社会との整合性が取れなくなっていくという問題に直面する。モリモトはこの状況を以下のように説明する。「日本語学校は、二世を気まずい立場に置くことになった。一部の政治家は、米国生まれの二世に対してすら、市民権剥奪の動きに出ている」(1997, 36) とその矛盾した現実を提示した。当時のメインストリーム・米国社会の思想や理念から見て、日本語学校の存在は望ましくないとみなされていたことは否定できない。その意味では、特に日系アメリカ人二世が米国社会に溶け込み、受容されていくためには、日本語学校の存在自体がマイナスに作用した可能性もある[3]。

　また、アジア系アメリカ人全体は、教育を通じての社会的地位の向上という意味で、しばしば「モデル・マイノリティ」であると位置づけられることも多い。家庭が教育に価値を置き、支援を行うことによって、高等教育への進学率が高くなり、かつ専門職へ参入していくことにより、社会的地位が向上するというプロセスである[4]。日系アメリカ人二世、三世、四世についても、この「モデル・マイノリティ」という呼称はしばしば適用される。「モデル・マイノリティ」はしばしば日系アメリカ人へのステレオタイプとしても作用することにより、発言や行動面に枠を当てはめることにもつながるとも考えられる。

4　エスニック・コミュニティの役割

　マイノリティである移民がホスト社会において差別や偏見に直面すること

はこれまでも多くの研究やメディア等において指摘されてきた。そうした困難な状況を懲り超えるためにも同じ人種・民族等エスニック集団による集住地区、いわゆるコミュニティ形成につながることも広く認知されている[5]。米国における一世や二世も同様であった。そしてコミュニティは日本語教育や日本文化に関連するエスニック教育を持続していくうえで、様々な社会的抑圧を受けたことも事実であった。しかし、一方で日系人が集団として、強いコミュニティ意識を維持したこともう一つの真実であった。タカキ（1998）は日系アメリカ人一世がホスト社会である米国社会で偏見や人種差別に直面した際、人種差別に直面しても、日本のアイデンティティを棄てることなく、その維持を目的として、強力な団結性をもとに少数民族居住区を形成したと述べている。この背景には人種に対する移住地隔離策が取られていたため、都市の日系人がニホンマチ、ジャパンタウンといった日系コミュニティを形成したとする見方もある（ホーン川嶋, 2018, 68）。

歴史学者のステファン・S・フギタとデイヴィッド・J・オーブライエン（Fugita & O'Brien, 1991）は、一世や二世以下の子孫によって構成された第二次世界大戦後の日系アメリカ人コミュニティに対し検証を行い、日系アメリカ人がコミュニティ内で日本文化や日本的アイデンティティを継承できたのは、二世の性格という側面と日本的な儀式によるものが大きいと主張している。

この時期、日系社会の主役は第一世代から第二世代に交代していたが、日本的な価値観である権威、年長者を敬う精神、義理、責任感などは引き続き保持されていた（Fugita & O'Brien, 1991, 79）。フギタとオーブライエンは、「このような権威、年長者を敬う精神、義理、責任感といった概念は、社会関係を構築する上で必要な原則として世代を超えて継承されている」(1991, 29)とみなし、世代交代に伴って、日本語力、文化の継承性等が弱体化していく状況にもかかわらず、日系人間における社会関係を考慮すると、価値観に深く根付いた日本的アイデンティティは存在し続け、維持されていると主張した。

フギタとオーブライエン（1991）が早期の日系アメリカ人にとってのエスニシティ意味を検証したことは、一方では旧日系移民と新日系移民とのつながりにも関係性があるといえよう。なぜなら、現在の新日系移民の大部分は第

一世代と第二世代であり、彼らも日本人コミュニティが時代とともに変化する問題に直面している点に共通性があるからだ。旧日系移民は、強力な「エスニック・コミュニティ」を創造し、自らの文化や価値観、伝統を守り抜いてきた。同じような現象は、第二次世界大戦後に渡米してきた新日系移民のコミュニティにも観察される。それゆえ、旧日系移民に対する観察は、新日系移民を理解する際のガイダンスになりうるだろう。文化とヘリテージを守るため、どのようなストラテジーが用いられたのか。このストラテジーは、時代とともに変化するコミュニティをどのように形成しているのか。アジア系の移民は現在増加し続け、その波は途切れることはない。一方、日本人の米国への集団としての移民は1960年代に終了している。それ以降は、集団としての移民ではなく、個人としての渡米、滞在、そして永住といったプロセスへと変化していることもあり、新日系移民に関する研究は足踏みをしている状況である。その理由の一つとして、旧日系移民と新日系移民を比較することの難しさが存在する。なぜなら、旧日系移民の子孫は、より深く米国のメインストリーム社会に溶け込んでいるために、既に初期の頃の一世・二世と日本語・日本文化の維持、価値観、伝統等を同じ枠組みで捉えることに無理があるからである。

5 新一世の米国移住の社会的意味

米国の移住に関してみると、第一波の旧日系移民と新日系移の移民動機や社会状況を巡る背景は容易に比較できないほど異なっている。ここでは、現在の新日系移民が米国に移り住む背景を中心に検討する。先述したように、グローバル化とトランスナショナリズムの影響下にある現代は、社会のコンテクストなどの面において大きな変化が起こっており、今日の新一世は色々な面で過去とは大きく異なる。

サッセン（Sassen, S.）は「移住すること自体は、自然発生的に起こるものではなく人の手によって起こされる。そして移住は、ランダムな国同士の組み合わせで起こるものでもなく、パターン化されたものである」と述べている

(1998, 73)。この定義は、新日系移民の現象に疑問を投げかけている。新日系移民は、旧日系移民と同じような移住と適応のパターンを繰り返しているのだろうか。なぜなら、19世紀と比べると20世紀以降、特に第二次大戦後には日本は目覚ましい経済発展を遂げ、その結果、中流層が人口に占める割合も飛躍的に向上した。もはや日本は、かつてのようにより良い経済環境を求める移民の「送り出し」(push)国ではなくなった。このような視点から見れば、新一世は、旧一世たちが経てきた移民パターンと大きく異なることは明らかである。新一世の特徴を分析する上で、この違いは大変重要な意味を提示していると思われる。新一世が海外に押し出されるというpush要因、あるいは引き込まれるというpull要因の中でも構造的・文化的要因も検討する必要がある。構造的・文化的要因を検討することにより、一世と新一世の差異は、単なる移民する時代の違いではない理由を把握することにつながると考えられるからでもある。

　同じ国同士でパターン化された現象という視点に立つと、より所得の向上や社会的地位の上昇を求めてという旧日系移民の米国への移住同様の組み合わせが現在の渡米し、永住することになる新日系移民にも当てはまるのかという疑問が浮上する。経済的、文化的、そして学問的グローバル化は、トランスナショナルな日本人や日本人家族の渡米する傾向を加速させている。かつて1920年代の米国では、国籍別に定員を決める制限つきの移民政策を取っており、米国に移住する日本人移民の数を大きく制限した。第二次世界大戦後、海外のビザや永住権を取得するのが難しくなっており、国が支援する移住計画の行き先の大半は、南米諸国であった (Yasuike, 2005)。

　一部の日本女性は、占領期に米国人兵士と結婚し、戦争花嫁として米国に移住した。新日系移民は、個人であれ、多国籍企業に派遣された一時滞在者であれ、あるいはその他のグループであれ、本格的に米国に移住し始めるようになったのは、1965年に米国で成立した「移民と国籍に関する法案」によって、移民の定員上限が撤廃されてからである。1960年代半ばに、日本経済は劇的な成長を遂げ、国内外で拡大し続けた。時を同じくして、米国で移民に関する法案の改正が改正され、日本の経済成長の勢いとともに、新日系移

民が渡米するもう一つの波を作り出す二大要因であった。ヤスイケ (2005) はこの時代の状況について、当時米国は日本企業にとって最大のマーケットになりつつあり、また国際的拠点の設置先として人気が高い候補地の一つでもあった。これらの事情は、新日系移民や一時的滞在者が拡大する傾向に拍車をかけたと説明している。

サッセン (1994) は、1965年の移民に関する法律の改正によってもたらされた変化を、以下のようにまとめている。

> 大規模な移民に対する政策は見直され、その背景には、米国がアジア諸国やカリブ海沿岸に展開する経済および軍事行動があった。米国は、これらの地域をまとめる国際的な投資や製造システムの中心的位置にあった。1960年代や1970年代には、米国は世界的経済システムを構築するのに非常に重要な役割を果たしており、関連法案を成立させる目的は、米国自身、そして相手の国々の経済体系の門戸を開放させ、資本、モノ、サービス、そしてインフォーメーションの流動を可能にするのが狙いであった (63)。

サッセン (1994) の主張によると、このような米国の政策の変化は、現代のグローバル化の中でのグローバル経済システムを構築する下地となった。グローバル化の進展により、日本の経済発展にとっては、米国は魅力的な進出先になり、日本企業は、雇用主や従業員とその家族も伴いグローバル化の動向に平行して米国に移り住んだ。しかし、企業と企業の従業員やその家族も含める大規模な移動は、20世紀初頭の旧日系移民とは違い、日本の経済成長の恩恵に与るところが大きかったことは明らかである。企業を中心とする給与や、かつ、住居や医療保険、そして子女の教育を含めた福利厚生面での支援体制が充実していたこと、そして通信技術の進歩による電話のみならず1990年代以降に登場したeメール等母国との便利で簡単なアクセスが可能になるなど米国への移住によるメリットも大きかった。つまり、一時的滞在者も含めた新日系移民である新一世が米国へ移住するパターンと旧日系移民の

それとは異質のものであることは明らかであろう。

注

1 日本人の当時の独身男性で経済的ゆとりのない人々は写真お見合いにより日本から花嫁を呼び寄せたという。しかし、写真花嫁への批判は多く、1920年に日本政府は写真花嫁への旅券発行を禁止したという。(ホーン川嶋，2018, 66)
2 日本町はジャパンタウンという呼称も一般化しているが、ここでは日本町として表記している。
3 ホーン川嶋 (2018) は、日系人 (一世および二世) が第二次大戦中に収容所に強制収容されたことの一つの理由として、差別から身を守るためと人種隔離策によって閉鎖的コミュニティに固まって居住したいたこともあり、白人との接触が極めて限られていたこと、多くの白人が日系人への差別的処遇のことを知らなかったことを述べている (ホーン川嶋，2018, 73-74)。
4 UCLA の元アジア系教育センター所長であったドナルド・ナカニシは UCLA で開講している「Asian American and Education」という講座において本テーマを取り扱っていた。Nakanishi D. T., Hirano-Nakanishi, M. (1983) . *Education of Asian and Pacific Americans: Historical Perspectives and Prescriptions for the Future*. Phoenix, AZ: Oryx Press.
5 前章で紹介したリー (2009) の研究を始め多くの先行研究 (Model, 1985; Goodman et al, 2003 等) が蓄積されている。

第3章 米国における新日系移民コミュニティと子女の教育

本章のねらい　本章では、海外における新日系コミュニティを概観した後に、米国における新日系移民コミュニティの特徴へと焦点を当てる。日本人学校と日本語学校との違いを明確にし、日本語学校に通っている新二世の子供の文化的側面のコンテクストをとりわけバイカルチャーとトランスナショナリズムという二つの用語から分析している。継承語教育としての日本語学校の役割と日本語学校を通じてのエスニック・アイデンティティの醸成と維持の意味について考察する。

1　海外における新日系コミュニティ

　一時的滞在者や新一世の海外移住とその経験は、米国においても移住者の新しい形を作り出しているように見受けられる。3ヶ月以上に海外に暮らしている日本人、いわゆる「在留邦人」の数は、2000年の時点で812,000に達している[1]。ベフ (2003) は、旧日系移民と新日系移民との比較を通して、両者の社会的地位における差異を指摘している。旧日系移民の大多数は、恵まれない経済状況に喘いで、生活の向上の機会を求めて裕福な国に渡ったが、当時、そうした機会が提供可能であり、移住が認められた国や地域は、米国と南米諸国であった (Steoff & Takaki, 1994)。日本で様々な機会を獲得することが不可能であった移民たちは、母国を離れ、海外で新生活を始めると決意したのである。旧日系移民の多くは、北米大陸のカリフォルニアに最終的に到着

し、主に単純労働や農業に従事した。タカキ (1998) の先行研究で示したように、旧日系移民の大半は農業という職業に落ち着いた。農業には会社を興すのに必要な資本金は必要なかったが、同時に支援も存在していなかった。一方、新日系移民は豊かな時代に育ち、19世紀末や20世紀初頭の人々が直面したレベルの経済的苦境とは無縁で、恵まれない経済状況からの脱出を目的として渡米しているわけではないことは既述した通りである。

　社会経済的にも、第二次大戦後日本は高度経済成長を遂げ、一躍経済大国の仲間入りを果たし、人口の大部分は中流層であると自己認識している (Gordon, 1993)。こうした経済・社会的ステータスにおける差異は顕著で、その差異自体が新旧日系移民それぞれの教育水準、従事する職業のみならず彼らのアイデンティティ、そして米国社会のメインストリーム文化面および構造面での同化に直接的な影響をもたらしていると推察される。

　リー (2009) がロサンゼルス地域の中国系エスノバーブに対する分析で浮き彫りにしたのは、違いをそれぞれ持っている移民グループが、渡米の時期のみならず人種・民族的構成、出身地、職業や所得政治的信条等で分派していることであった。2009年のリーの研究では、移民してきた時期の違いのみならず、教育背景および従事している職業により、ロサンゼルスの中国系エスノバーブであるモントレーパークが、旧華僑 (Lao Qiao 老僑) と新華僑 (Shin Qiao 新僑) という二つの集団に分けられているかを理解する手がかりを提供している。本研究において二つの集団の分析を通し指摘された新旧中国人移民の差異は、多くの面において筆者が見出してきた新旧日系移民の差異とも共通する。同じ母国出身であったとしても、母国の状況というPush要因やそこからもたらされる移民そのものの状況によってエスニック・グループの間に階層化が起きるのは必至であるといえよう。

　ギュンター (2003) は、ドイツ・デュッセルドルフにおける一時的滞在者と新日系移民のコミュニティを調査し、このような日本人コミュニティが構成される背景を以下のように分析している。「移住者のコミュニティが拡大するに伴い、日本企業や資本家はこれを商機と見た結果、コミュニティ内に日本のスーパーマーケット、書店、美容室、不動産代理店、レストラン、カ

ラオケ店などが登場し、多国籍企業に所属する給与水準の高い従業員とその家族のニーズに応えている」と主張している(in Goodman et al., 110)。ギュンターによるデュッセルドルフの日本人コミュニティに対する分析は、如実にこうしたコミュニティがドイツ在住の日系移住者集団にとって、重要なエスニック文化の発信地になっている現状を説明している。

　モーデルは、少数民族集住地区が形成された理由について、「特定のエスニック・グループが独自の活動を従事し、影響力を発揮できる職業的な隙間として機能していると」論じている(1985, 64)。この研究は、主にニューヨークにおけるユダヤ系、イタリア系、そしてアフリカ系アメリカ人のコミュニティを対象にしているが、少数民族集住地区の特性は、米国における新日系移民コミュニティと共通する面も少なくない。こうした文化人類学をベースにした研究成果は、日本人コミュニティが海外に移住した現代日本人のライフスタイルに重要な意味を持つことを示唆している。筆者が取り上げた文献の多くは、ロサンゼルスに限らず、諸外国の様々地域を取り扱っているが、海外における日系移民コミュニティ内におけるエスニック・ビジネスの役割は、地域の違いこそあれ似通った部分は多いと思われる。グッドマン等は2003年の著書『*Global Japan*』において、海外諸国における日本人移民コミュニティの起源を探っているが、ドイツ、イギリス、米国、香港、シンガポールなどが対象とした国や地域であった。グッドマンは複数国の事例をもとに海外に存在する日系コミュニティを以下のように定義している。

　　海外にある日系コミュニティは、移住先の都市や国において、日本人移住者を包摂しかつそこで独立させている空間である。世界中の町々に日本の文化的及び社会的ランドスケープを作り出し、移住者が外国においても日本と同じような社会環境に身を置くことができる。これらの街は、日本人にとってなじみ深い規範と期待によって運営され、東京、名古屋、大阪などのそれと同じである(9)。

　一時的滞在者を含む新日系移民のエスニック・コミュニティは、日本で経

験した同じ生活様式を延長線上にある空間を作り出すためのものであることをこの定義は強調している。同時に、日本人移住者をさらに受け入れ先の国から孤立させ、当該国に同化させるプロセスから遠ざけることにもつながるのではないだろうか。

ベフとギシャール‐アンギ（Befu & Guichard-Anguis, 2003）は、米国における日系コミュニティ内における一時的滞在者と永住者（新日系移民）という二つの集団の存在を指摘し、離散（ディアスポラ）という用語をあえて使用し、以下のような指摘をおこなっている。

> 日本における経済のグローバル化に起因する日本人の離散は、おそらく長期（永久的）と短期（非永久的）という二つのカテゴリーに分けることができる。前者は、恒久的に日本を離れ、あるいはいつ日本へ帰国するかの予定を具体的に立てていないものである。後者は、日本への帰国を念頭にあり、外国での生活期間も5年ないし6年と決まっているものである (5)。

ベフ氏らの指摘から日系コミュニティ内において、米国に住んでいる集団も二分される集団が存在していることに気づかされる。この二つの集団は、非永住である一時的滞在者と恒久的に在住する移民に分類されるが、ベフは永住者を離散とみなしているところに新しい知見があるといえよう。ベフの離散という指摘はリーが分離という概念を提示した研究にも共通する。

大多数の一時的滞在者は、ビザ上の地位では、企業派遣のカテゴリーに分類され、家族とともに渡米し、しばらくの間米国で仕事をする。いわゆる企業駐在員や現地の企業法人経営者に相当する場合が多い。

経済規模の拡大とグローバル化の影響で、多くの日本企業と多国籍企業は世界中に支社を設け、現地での基盤を構築するあるいはその基盤の発展のために、多くの日本企業関係者が駐在員として現地子会社への転勤が命じられた。山田（2007）は企業の関係者は限られた期間を一応前提としているため、子女の教育にも期間を見据えた計画を立てていることも多く、いつ日本に帰

国するかについてもある程度明確な見通しがある。所属する日本の企業・会社から子女に対する教育上の金銭的および情報上の支援を受けている者の比率は高いと述べている。大多数の企業派遣の一時滞在者やその家族は日本への帰国を明確に意識している以上、米国社会に構造的に溶け込むよりも、トランスナショナルなアイデンティティを保持しようとする者は多い。このような傾向は、自らのエスニック・コミュニティを創造する際や、子女への言語教育やアイデンティティ形成戦略に強い影響を与えていると論じている（山田、2007）。

　企業関係者とは別に、人数が急上昇しているグループは、留学や研究を行うために海外に移り住んだ研究者と学生集団である。企業派遣の一時滞在者と比べ、この集団は家族連れで来るケースが少ないのが実情である。戦後米国に渡った研究者や留学生数が増加した理由について、ベフとギシャール＝アンギは、「日本の経済的豊かさによって財政的援助が増え、過去数十年の間に学研究者や留学生を増加させたのは、疑いはない」（2003）とみなしている。このような新日系移民を牽引する主な動力源を検証すると、一時的滞在者は、日本の学術あるいは会社組織から支援を受けている以上、日本と強いつながりを持っていることは極めて明白である。また、一時的滞在者は、ビジネス、研究、あるいは他の仕事に関わる目的のため、日本と米国の間を頻繁に往還できるアクセスを持っていると推察される。

　一方、一時的滞在者と比較すると、永住者が米国に滞在し続ける理由は幅広いことが特徴である。定住者あるいは永住者とはいえ、旧日系移民と比べると、彼らの社会的地位は多様である。この集団である新日系移民は、高学歴層で富裕であるとする指摘と労働者あるいはサービス業に従事する者が多いという指摘の両方が存在する[2]。いわゆる企業に所属する一時的滞在者とは異なり、恒久的に米国に滞在するという意志、目的が基本となっているのがこの集団の基本である。この集団は多様な背景を持つ人々から構成されていることも特徴の一つである。本集団は限られた教育背景から高度な教育背景を持つ人々、特に高度なスキルや教育水準を必要としない労働に携わる労働者から高度で専門的な仕事に従事するのに不可欠な技能やスキルを持ち、

そうした専門職に携わっている人々などそれゆえ企業の一時的滞在者のように標準的なモデルがないことも特徴である。

このように米国における新日系移民の特徴も興味深く、多様性があるにもかかわらずこの集団を対象とする研究が少ない。この集団の人々によって、新たなスタイルのコミュニティが作り出されている可能性もあるが、彼らが形成するあるいは属するコミュニティが見えにくい存在となっていることも事実である。

2 米国における新日系移民コミュニティの特徴

旧移民と新日系移民との比較を行う際に、念頭に置かなくてはならない重要なことは、旧移民が渡米した1900年代と現在では、グローバル化の影響で劇的な変化が起きたことである。グローバル化は、両集団が米国に居住する過程において異なる経験とその後の生活を決定づける要素でもある。

米国のような多様化した社会で生活する上で、日常的に接することの多い多種多様なマイノリティ集団の伝統や視点を理解することが不可欠でもあり、事実人々に求められるジェネリックなスキルといっても過言ではない。米国社会のダイバーシティもしくは多様性を象徴する現象として、チャイナタウン、コリアンタウン、あるいは公式に決められていないが各地に存在するエスニック・コミュニティの存在が挙げられる。エスニック・アイデンティティ、文化、経済的影響のどれ一つを取っても、エスニック・コミュニティは多方面にわたってグローバル化がもたらした影響の結果としての縮図である。グローバル化の進展と影響は、人々のライフスタイルや多様性に対する理解にも及ぼしている。それゆえ、現在のようなグローバル化の定義が存在していなかった時代におけるエスニック・コミュニティ内での人々の意識、活動そしてホスト社会の多様性への見方が異なっているのは所与のことでもある。

永住者および一時的滞在者を含む新日系移民が、海外に移り住んでも、強い日本的アイデンティティを維持しようとする傾向を持っている。緊密に結びついたコミュニティを利用するという意味では、旧日系移民から現在の日

系アメリカ人のように、コミュニティの影響力で強力なアイデンティティや文化を数世代に渡り維持してきた先例に準じているともいえるかもしれない。前文に引用したフギタとオーブライエンの分析では、「日系アメリカ人は、文化的ガイドラインを設定し、このガイドラインが社会関係の構築において重要な役割を担った。この役割は、社会への構造的同化と日系アメリカ人の現代に至るまでエスニシティを保持していることの両面を理解するのに欠かすことができない」(1991, 27) と指摘されている。この歴史上の事実が指標だとすれば、新日系移民は旧日系移民よりも自らの言語と文化をより強力に維持しようとする傾向にあると筆者はみなしている。次節ではこうした視点に立ち、新日系移民と教育との関係性を検討していく。

3　日本語学校とは何か：日本人学校と日本語学校との違い

　グローバル化の影響およびトランスナショナルなアイデンティティを保持する能力は、明らかに新日系移民である新一世の子供世代である新二世に対する教育ストラテジーに顕著な影響を及ぼしている。米国における日本人や新日系移民を対象とした学校は大きく二つに分類される。一つは、在外日本人学校と呼称され、全日制の日本人学校と土曜日に授業が行われる補習校である。

　全日制の日本人学校は、ほぼ日本の初等・中学校と同じで、一部には高校もあるが文部科学省が認定している一条校の教育課程と同様である。一方、補習校の多くは土曜日あるいは平日の現地校の終了後に行われることが多いが、主要科目である国語や算数を中心にした授業が展開されている。運動会や音楽会など日本の学校で提供される文化行事もしばしば提供されている。

　アジア圏には全日制の日本人学校が多く、企業の一時的滞在者の子女のほとんどは全日制の日本人学校に通っているが、米国の場合には、企業の一時的滞在者は子女を平日は現地校に通わせ、土曜日の補習校に子女を通わせているケースがほとんどである。こうした補習校に子女を通わせる理由としては、限られた滞在期間終了後に日本に帰国後に日本国内の学校のカリキュラ

ムについていく必要があるからである。一方、永住する親にとって、子供をこのような学校に通わせるのは、世代間の言語的・文化的つながりを求めるのが目的で、先行研究が指摘した旧日系移民が重点を置いた教育目的と類似する。新日系移民として米国で生活している永住者あるいは国際結婚家庭は、補習校に子女を通わせる場合もあるが、必ずしも日本への帰国が確定しているということではない。それゆえ、日本の学校の授業についていくような学力の維持を目的としているわけではないことから、別のタイプの学校、いわゆる日本語学校を選択することが多くなる。

しかし、先行研究で新日系移民の教育面を検証してきたものは限られている。教育の成果や結果を検証することも容易ではない。なぜなら、目に見える成果を検証するのには、新一世の歴史が短すぎるからであり、まして新二世の年齢層も最も年齢が高い層も30代ぐらいであるほど、その時間軸は短い。さらにいえば、帰国生として日本の高等教育機関に進学する数が限られているため、統計上においても一時的滞在者の子供である帰国生との区別ができないという側面もある。

ミノウラ (Minoura, Y.) は、日本と米国という二つの文化に身を置き、バイカルチャーの環境で育つことが子供にもたらす意味について研究した。ミノウラは、「米国に暮らす日本人家族の文化は、家庭の中では日本にいるように概念化されるが、一旦家の外を出ると米国である」(1992, 307) という観察結果を提示している。本研究は一時的滞在者の子女を対象としているが、新日系移民の子女にも研究知見は当てはまるものと推察できる。米国社会で育つ子供たちの家庭内での生活は日本そのままなので、日本と米国、二つの文化を経験し、二つの文化圏・社会を同時に生きることになる。新一世の次の世代となる新二世自身が、二つの文化や社会とどのような関係を築くのかを研究するうえで、双方の文化や社会に対する視点は必要不可欠である。二つの文化・社会に日常的に接している場合、言い換えれば二つの文化・社会の狭間にある子供たちはいずれの文化・社会により強いアイデンティティを感じるのか。ホスト社会である米国文化なのか、それとも家庭を中心とした日本文化なのだろうか。

ミノウラ (1992) は、文化を取り入れることを示す指標を、「文化的意味のシステムがある個人に進んで取り入れられ、個人の行動に顕著な影響を及ぼすほどの役割を担う」(1992, 307) と定義している。新二世は、二通りの文化的行動パターンを身につけている。一つのパターンは米国文化の中で運用され、たとえば米国の現地学校に通ったり、米国人コミュニティに住んだりする際に役に立つ。それらは、言語のみならずスポーツ、音楽、流行、ＴＶ、映画、ダンス、服装等ポップカルチャーも含まれ、ティーンエイジャーが使用する言葉も含まれる。もう一つの日本文化の方は、家に戻り両親と接する時に用いられる日本語、食文化、TV番組、DVD、そして漫画や本などが例である。それゆえ、米国育ちの現代の新二世の子供たちは、バイカルチャーなアイデンティティをうまく取り組んだ行動パターンや方法を、自ら編み出さなくてはならない。ミノウラは、文化的アイデンティティの重要性を分析する際に、最も望ましいのは「二つの文化のインターフェイス、個人が立脚するところがより明確に現れる意味システムである。なぜなら、実際に行動が行われるコンテクストでは、アイデンティティは行動から分断されがちである」(1992, 307) という視点が重要であると述べている。したがって、文化的アイデンティティを評価する際、その内容や意味も考慮することが必要となる。

　ミノウラ (1992) はさらに、年齢は子供にとって重要な要素であると指摘した。文化的意味の違いを理解するためには、一定の年齢に達していないといけないからである。自分の中で運用する二つの文化的意味システムを理解し、かつ区別できるようにならなくてはならない。新日系移民の子供にとって、二つの文化の違いを理解し、また実生活の中で日本と米国の文化をうまく取り込んで運用するスキルの習得は、非常に重要であり、それこそ補習教育が真価を発揮する状況である。この時点で、子供たちはバイカルチャーなライフスタイルとうまく付き合う方法を習得し、二つの教育システムをそれぞれ価値付与し区分する。このプロセスは、新二世の子供たちが補習校や日本語学校に通う効果と影響を評価する際にも鍵となる概念であると思われる。

　本研究では、日本語学校に通っている新二世の子供の文化的側面のコンテクストをとりわけバイカルチャーとトランスナショナリズムという二つの用

語から分析している。現在の新日系移民のコミュニティを観察すれば、米国で育ち教育を受ける新日系移民の子供たちは、多様な親の社会的地位、職業、そして背景を持っており、一律的な一時的滞在者の存在と彼らを同一視して語ることには無理がある。ミノウラは、「一時的滞在者の子女が月曜日から金曜日まで地元の米国の学校に行き、それに加え、大部分は毎週土曜日に補習校に通い、日本のカリキュラムについていける学力を維持しようとした」（1992, 307）という共通の経験があるとみなしたが、新日系移民の子供たちは学校に通う目的という点でも、一律の共通性があるとはいえない。

4　日本語学校の特徴

　一見するとひとまとめにされがちな日本語学校だが、実際には色々なタイプの違う学校があり、単一のグループに分類するのは、それぞれが持つ独自な特徴や違いを無視することになりかねない。たとえば、新日系移民の子供たちが通う日本語学校にも、いくつか違うタイプのものが存在する。学校の所在地は、どのタイプの子供が通う傾向にあるかを示す、一つの有効な指標である。また、所在地という指標は、日本語学校自体の違いを示している。

　前節で示したミノウラ（1992）が調査を実施した学校は、ほとんどの生徒は日本企業の一時的滞在者の子女で、つまり大多数の子にとって米国滞在は一時的な期間が前提となっていた。ミノウラが課題として挙げていた「一時的に米国に転居した日本人の子供たちは、対人関係の文化的規範の面において『日本的』あるいは『アメリカ的』アイデンティティは、いつ形成されたのかを知る手がかりになってくれる」（1992, 315）という点は、あくまでもこうした一時的滞在者の子女向けの課題とも捉えられるのではないか。事実、日本への帰国を計画する親を持つ新日系移民の子女は、親世代のアイデンティティの影響を受けて、自らを日本人として規定し、米国の滞在は一時的なものだと認識している。したがって、教育目標も日本へ帰国するための下準備や、限られた時間の中できるだけ多くの米国の文化や語彙などの価値観を吸収することにあるという先行研究が多数存在する[3]。

しかし、対象を企業の一時的滞在者以外の子女に移したり、あるいは米国在住が一時的ではない家族の子女に目を向けたりすると、日本語の学習動機に関しては、将来的に日本への帰国を計画している非永住の一時的滞在者との違いは浮き彫りになってくるという仮説が浮上する。こうした学習動機の差異が新日系移民の子女や新二世の文化的アイデンティティの形成に影響を与え、一時的滞在者子女集団と新二世集団との違いを生み出す可能性は高いだろう。企業あるいは学術機関の支援なく渡米した人々は、米国文化や社会への同化に対し、一時的滞在者より強い関心を抱いているという指摘も存在している[4]。

子供に対する教育ストラテジーに決定権を持つ新一世の親のために、一部の学校は意図的にデザインした教育課程を提供し、そのニーズに応えるケースもある。たとえば、ロサンゼルス郡内では、前述したように補習校の学習目標は、いかに文部科学省が定めたカリキュラムに接続できるのかに置かれているが、他の日本語学校は、日本語の語学力の向上と維持を最優先目標としている。ロサンゼルスにおける日本語学校間に存在するこうした教育目標の違いは、新一世の親の教育ストラテジーを分類する際に重要な要素の一つで、バイカルチャーの子供たちへの教育成果にも反映されることになる。

一方、学術や企業の派遣による一時的滞在者の子女と米国に永住を目標とする新日系移民の子女の間には共通点も存在する。両集団ともに、言語的にはバイリンガル[5]、文化的にはバイカルチャーであり、現地校に通っている平日の時間が圧倒的に長く、そして補習校や日本語学校は週末にのみ通うことが一般的である。しかし、家に帰ると、日本語を話すだけでなく、日本のマスメディア、書籍、またその他のリソースを通して日本文化やポップカルチャーの洗礼を受けている。このようにグローバル化は、米国における新日系移民を分類したり、理解したり、定義したりする際に、重要なキーワードである。また、グローバル化により、日本人の米国への移動が促進された結果、新日系移民の数は増加し、コミュニティ内における日本語学校の存在や文化的ネットワークを維持するのに必要な人数を満たしている。

5　継承語教育としての日本語学校の役割

　シバタ (Shibata, S.) は日本語学校について、「子どもたちに母語を教える一番有効な方法の一つである。親による努力、持続力、そして教育資源も限られているからである」(2000, 471) と説明し、「継承語教育の最大の目的は、個人が内在化した言語と文化の価値を高め、家庭やコミュニティ内において親と子のコミュニケーションを促進し、そして多元文化社会へ対応するバイリンガルの人々を育成することである」(2000, 467) と述べ、そのうえで、継承語教育機関としての日本語学校は、日本語を教えるだけでなく、エスニシティ・民族としての価値とアイデンティティを醸成したりシェアしたりする中心的な場を提供している。日本語学校は、生徒、親、そして将来の世代にとって、「文化的教育者」という大変重要な役割を果たしていると主張している。このような視点から見ると、日本語学校は生徒や親にとって、多重な役割を担っていることが理解できる。シバタの研究は小規模な町にある日本語学校で行われ、対象となった日系移民の数も限られているが、本研究は、継承語教育機関としての日本語学校がとりわけ新一世の親と新二世の子供世代双方に対して果たしてきた様々な役割を示している。ノロ (Noro, H.) は第一世代の親が、子供たちに母語を教える主な目的は、①子供とコミュニケーションをとるため、②親の権威を保つため、③日本人としてのエスニシティに誇りを持たせるため、④ホスト国と出身国双方の文化を理解させるため、⑤将来のキャリア形成に役立てるため、⑥日本の親族とコミュニケーションをとるためという6点を挙げている (2009, 466)。

　この視点から見れば、日本語を母語とする日本語話者にとって、日本語学校は言語スキルの向上や維持、日本文化への関心の維持および日本人としてのエスニック・アイデンティティの醸成を可能にする場であるとみなすことができよう。ただし、新日系移民の子供である新二世が日本語学校に通うのには、エスニシティの維持のためだけでなく、親世代のアイデンティティを保持するという目的にも影響されていることは否定できないと思われる。

6　日本語学校を通じてのエスニック・アイデンティティの醸成と維持

　ジーゲル (Siegel, S.) が行ったアリゾナ州の日本語継承プログラムに関する2004年の研究では、言語の社会性という理論から見た場合に、社会文化の知識のプロセスを経た言語習得の効率良さという点から、日本語学校で提供されている言語クラスの有益性があることが提示されている（2004, 124）。具体的には、本研究を通じて、教室における指導という本来の学習に加え、生徒は自分と同じように日本語学校に通う新日系移民の子供との日常的な交流を通し、言語と文化に関する知識をより多く学ぶことにつながることが確認されている。

　シバタは、「継承語学校が母語を学習する理想的な場になりえたのは、単に言葉を勉強するだけでなく、生徒にエスニック・グループの一員として学びや活動に参加させる機会を与え、それらを共有していることが大きい」（2000, 465）と指摘している。また、シバタ (2000) は、親が子供を日本語学校に通わせる理由の一つとして、言語の維持というより、エスニック言語の活用が少ない地域においても母語を伝え続ける狙いがあると説明する。氏が研究を行った小さな町は大都会と比べ、エスニック・ネットワークを通した語学力や文化の維持はより困難で、すべてにおいて規模が小さいことから、たとえばエスニック新聞、マーケット、レストラン、その他のコミュニティ施設などのリソースへアクセスする機会も限られている。したがって、日系移民の次世代が日本語学校に通う全体的目的と意義として、生徒の日本人としてのエスニック・アイデンティティの向上と維持は重要な要素となる。

　エスニック・アイデンティティ理論について、ジャイルズとバーン (Giles & Byrne, 1982) は、エスニック・グループのメンバーは、自らのエスニック・アイデンティティを維持するために、グループ外の話者と距離を置くだけでなく、母語におけるネイティブとしての流暢さを獲得するモチベーションはむしろ下がるが、自らの母語に関する知識を維持しようとする傾向があると指摘している。

7 文化的移住者の研究を通じての共通性とは何か

　先行研究の多くは米国にとどまらず、諸外国の例も多く含んでいるが、場所のいかんにかかわらず、新日系移民集団全体を通して、エスニック・コミュニティの役割、アイデンティティ、そして教育面において共通性が存在すると考えられる。同様に、世界に存在する少数民族集住地区の概念も、新日系移民やそのコミュニティと強い関連性があると推察できる。文献による先行研究の理論を検討しながら、ロサンゼルスの日本人コミュニティにおける日本語学校と新日系移民集団の間の複雑な関係性を検討してみよう。

　本研究と類似するものとしてアンドウ（Ando, S.）の 2010 年の研究がある。アンドウ (2010) はテキサス州に住む、異なる社会関係資本と歴史的背景を持つ新日系移民集団と一時的滞在者に焦点を当てた。この事例研究では 380 人の新日系移民を対象とした量的調査を行っているが、統計的手法（構造方程式モデリング）を用いて分析し、満足度、社会関係資本、そして文化的適応に関する尺度により、移民の成功度合いを測定している。当該研究は、主に日系移民女性に重点を置き、対象は主に年齢が 30 代から 40 代までの既婚、高い社会経済的地位を有する背景を持つ者たちである。対象者の在住する場所、職業、家族構成など基本的なビックデータを用いて、日系移民家庭間の社会関係資本による差異を明らかにしようとした。当該人調査を通じてアンドウ (2010) は、テキサスにおける新日系移民の収入のレベルが、いかに文化的適応のレベルに連動しているかを示し、社会関係資本理論と新日系移民の文化的適応との関連性を見出した。アンドウの解釈によると、社会的機会と利益を生み出すリソースは、社会的ネットワークの構築、実体的および社会的成果の促進などである。新日系移民集団の中で、社会関係資本が高い者ほど、自らを移民と位置づける傾向が縮小するという結果を知見として得た。一方、社会的資本が比較的低い者は、自らを移民と位置づける傾向が強く、トランスナショナルな視点も欠けている傾向があることが結果として得られた。テキサスでは、ロサンゼルスやニューヨークと比べ新日系移民の数はより少ないものの、当該研究は新日系移民の生活様式や状況へ対する有力な検証に

第3章　米国における新日系移民コミュニティと子女の教育　57

なっているといえよう。

　ヒョウドウ (2012) の研究は、ニューヨークに住む現代の日系移民を研究対象としている。ヒョウドウは、この人々を冒険家 (adventurers) と呼んでいる。ヒョウドウ (2012) は 1965 年の移民関連法案[6]は日本人が渡米する状況を劇的に変え、様々な日系移民集団が渡米した背景を説明している。これらの新日系移民は、多彩な目的、職業、ステータス、社会関係資本を持ち、米国国内で新しいタイプの日系移民コミュニティを創造しているが、彼・彼女たちが形成しているコミュニティは 100 年以上前の旧日系移民によるコミュニティと大きな差異があると主張している。ヒョウドウは続いて、旧日系移民の第一世代である一世と新日系移民の新一世は、同じ母国から渡米したといえども、その違いは甚だしいと説明する。ヒョウドウはニューヨークに焦点を絞り、新日系移民はいかに米国で自らのコミュニティとアイデンティティを創出したのかについて検証を行い、複数の課題設定がなされている。それらはニューヨークというコンテクストの中で、このグループの人々はどのように自分たちのことを位置づけているのか。自らを移民とみなしているのか、いないのか。米国に定住したのであれば、なぜ頻繁に日本へ一時帰国をするのか。大多数の新日系移民は、日本社会においては中間層の背景を持っているにもかかわらず、どのような要素が彼らを日本からプッシュし、米国へプルしたのだろうかという問いである。彼らが経験した移民ストーリーは、1965年以降に渡米した他の新日系移民グループのストーリーとどう違うのかといった点である。

　ヒョウドウの見解によれば、ニューヨークに在住している新日系移民は「冒険家精神」に富み、高度なトランスナショナルの環境に身を置き、絶え間なく自らの位置づけを調整し続ける。ただし、本研究が重点を置いている子供世代との関係については、多くの言及はない。

　先行研究はトランスナショナルな新日系移民親の母性、親としての本分、トランスナショナルなアイデンティティなどに注目し、とりわけ日本と米国の間を行き来しながらも自らを移民であるとみなしていない人々に焦点を当ててきたといえる。これらの研究とは違い、前述した通り本研究の主な目的

の一つは、より立ち入った、より本音に近い人々の語りを獲得することにある。筆者の長時間のフィールドワークと聞き取り調査が実り、一人ひとりと向き合うことにより、多くの人は親身になって自らのストーリーやライフヒストリーを語ってくれた。本章で紹介した先行研究は、質的および量的分析の手法を通し、米国における新日系移民研究の全体的な背景となる知見を提示する役割を果たしている。

先行研究はまた、移民として渡米したのち、それぞれ違う集団に属する人々は、いかにして一つのエスニック・グループを作り出したのかについての洞察を提示した。エスノバーブ理論は、新旧中国人移民の比較研究を通して、新しいパターンの移民とその統合は、違う時代に移民した人々の集団に分化していく点にスポットライトを当てた。エスニック・コミュニティは、移民たちにとって有益な情報を獲得する場あるいはネットワークを構築したりする場であることも示している。この南カリフォルニアはモントレーパークという場所において新旧中国人移民の比較研究の知見が提示されたところでもある。そうした新しい知見が提出されたという特徴がある地域であることから、本研究もウェスト・ロサンゼルスにあるソーテルという地域を研究対象とした次第である。本章は、新日系移民である新一世の教育ストラテジーに焦点を当てる際に、コミュニティと日系人との関係性に関する先行研究を通して、新一世とはそもそもどういう人たちなのか、なぜこの特定な場所に来ているのかを検討してきたとまとめられる。

注

1 『海外在留邦人数調査統計』平成14年版を参照している。
2 ホーン川嶋 (2018) は、新一世の多くが高学歴で富裕であると指摘している (2018, 83)。一方、筆者山田は新一世の多くは必ずしも富裕層であると断定できないとみている。新日系一世が住む地域にもよるが、自身がフィールドワーク場として調査したロサンゼルスであった新一世は非常に多様であり、一括りはできないという結果になった。
3 たとえば、Nukaga, M. (2008). *Motherhoods and childhoods in transnational lives: Gender and ethnic identities among Japanese expatriate families in Los Angeles*. University of California, Los Angeles. 額賀美

紗子（2013）．『越境する日本人家族と教育「グローバル型能力」育成の葛藤』勁草書房、p.224．山田礼子（2007）．「在米駐在員家族の変容する教育観―ロサンゼルスにみられる越境教育の進展」『越境する民と教育：異郷に育ち地球で学ぶ』森本豊富、ナカニシ、ドン編著、アカデミア出版会、153-173 等がある。
4 面接調査の際に多くの新一世がこのような指摘をしていた。
5 バイリンガルとは 2 か国語を母語のように操れるという定義があるが、もちろん、滞在期間によってのバイリンガルとしての言語の習熟度には違いがある。
6 1965 年の移民関連法案は「65 年移民と国籍法」（Hart-Celler Act）を意味している。「24 年移民法」の人種・国別移民割当制を廃止し、西半球 12 万人、東半球 17 万人の上限が設けられた。この時期の日本は高度成長期にあったことから、移民として米国に渡る日本人の数はそれほど多くなかった。

第4章　研究の方法と調査対象コミュニティ

> **本章のねらい**　本章では、新日系移民の第一世代である新一世、そして一時的滞在者の声を拾い上げることにより、第二世代の子供たちのために用いた教育ストラテジーを把握する。その際、新一世コミュティであるエスニック・コミュニティの参与観察と新一世コミュニティに関係の深い人々へのオーラル・インタビューに立脚し、そのヒアリング・テープの文字起こしした内容と分析そして解釈が基盤となる。インタビュー対象者の証言から得られた経験と視点を獲得することで、新日系移民の特徴を捉えること、またトランスナショナルな移民が大量に参加しているエスニック・コミュニティの現代のコンテクストにおいての意味を検証する。

はじめに

　新日系移民に関した研究蓄積は少なく、現代における新日系移民に対する研究は新しくて発展途上の分野であることを示しているといっても過言ではない。では、なぜ新日系移民に関する研究はこれほど少なく、またどのような問題が、この分野の研究の進捗の妨げとなっているのだろうか。新日系移民は、とりわけ多様性、アイデンティティ、アメリカにおける生存戦略などの面において、大変ユニークで興味深い研究対象であると思われるにもかかわらず、当該研究の進捗を妨げる大きな理由の一つは、この集団が登場した歴史が短く、現在もこの集団の移動が進行しているからである。現状のコン

テクストにおいて定義された新日系移民に対し、米国での存在を有意義に探求するための量的データはほとんど存在しない[1]。また、現代の新日系移民の数が比較的少ないことは、量的データサンプルを集める困難さを表している。したがって、本研究を始めるに際し、新日系移民の経験をより深く把握するため、質的調査法を採用することにした。質的調査法は、それぞれの個人的な事例を細部まで理解するのに極めて重要な研究方法であるとされている[2]。ロサンゼルスにおける新日系移民のケーススタディ（以下事例研究）を行うに際して採用した主な具体的な方法は、エスノグラフィである。エスノグラフィとは、詳細については後述するが文化人類学や社会学、心理学等の分野で使われる研究手法の一つであり、あるコミュニティにフィールドワークとして入り込み、その中での行動様式を記述し、価値観を見出していく手法として広く認知されている。本研究では、二年間にわたる日本語学校での参与観察と時間をかけて新日系移民のコミュニティに入り込み、立ち入ったインタビューを行い、そのインタビュー内容をテープに記録し、テープを起こして、その内容をキーワードに沿って分類し、問題設定にしたがってまとめるという方法を中心に行った。また、本研究において、オーラル・ヒストリー・インタビューというスタイルを取り入れる必要性、およびその意図や目標を後述する。

　本研究が目指すのは、新日系移民の第一世代である新一世、そして一時的滞在者の声を拾い上げることにより、第二世代の子供たちのために用いた教育ストラテジーを把握することにある。インタビュー対象者に子供がいない場合には対象者がどのように日本と米国のコンテクストの中に、自らを位置づけるのかを明確にすることを目標とする。インタビュー対象者の証言から得られた経験と視点を獲得することで、新日系移民の特徴を捉えること、またトランスナショナルな移民が大量に参加しているエスニック・コミュニティが現代のコンテクストにおいての意味を検証することが可能となると考えられる。

1　研究枠組みと調査の実際

1．研究の枠組み設定にいたる背景

　エスニック・コミュニティと少数民族居住区は、新日系移民や訪問者にどのような意味を持つのかを理解するため、エスニック・コミュニティを内部から観察し、コミュニティのメンバーの声を直接聞く必要がある。いずれの時代においても第一世代の移民は特に母国の文化を保持する特性を持っており、したがってこのような人々の視点を分析するにあたり、細心の注意を払わなければならない。新日系移民は、これまで述べてきたように、多種多様な社会的・経済的背景を出自とするので、有効な結論を導き出すためには、それぞれの個別のケースを慎重に分析する必要がある。したがって、この研究の目的を達成するため、コミュニティの内部でインタビューを行うのは、データ収集および主要な研究問題を位置づけるのに、理想的な方法だといえよう。

　本研究は、新一世コミュティであるエスニック・コミュニティの参与観察と新一世コミュニティに関係の深い人々へのオーラル・インタビューに立脚し、そのヒアリング・テープの文字を起こした内容と分析そして解釈が基盤となる。インタビューは、筆者のフィールド・リサーチの期間中に収集され、2012年度の夏季から2014年度の冬季[3]まで行われた。研究計画を実行する際、オーラル・インタビューは、日本語によって行うことを計画した。第二次世界大戦後に渡米した新日系移民を対象にしていることもあり、インタビュー対象者の大部分は、日本語を使用するのを望んだ。なぜなら、新日系移民の大半は第一世代の移民と移住者なので、日本語はこの人々にとっての母語であり、一番自然に会話できる言語である。したがって、日本語を使うことで対象者たちはより簡単に、かつ快く自らを表現できることが理由であった。また、新二世である子供世代にもインタビューをしたが、その際は、対象者にとって望ましい言語を選び、日本語と英語との切り替えを行っている。

　コミュニティの内部で使われている言語によってコミュニケーションがと

れることは、新日系移民コミュニティ内部でエスノグラフィ手法を用いる研究者にとって、鍵となるポイントである。それぞれの対象者から聞き取った内容については、新日系移民の定義、グローバル化、トランスナショナルな移動、異文化適応、異文化間教育に関する先行研究に照らし合わせながら、彼・彼女たちの独自の特徴を導き出すことを企図した。フィールドワークを通じて、文献調査により新日系移民に対する知識を獲得するだけでなく、一対一のインタビューで対象者一人ひとりから得られたデータは、立ち入った理解につながると考えたからでもある。

インタビューで設定した課題設定は大きく分類すると以下の3点になる。
①新日系移民は、アメリカと日本のコンテクストの中において、どのように自らを位置づけているのだろうか。
②トランスナショナルな視点から、新日系移民はどのように日本とアメリカを見ているのか。
③第二世代の子供に対しては、どのような教育ストラテジーを持っているのか。

本研究過程については図4—1に示した通りである。

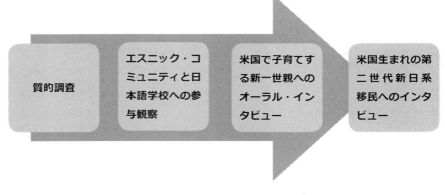

図4—1　研究プロセスの概要[4]

(出典：筆者作成)

2．本研究で依拠するトランスナショナリズム理論

　移民に関する先行研究が明らかにしたように、現代におけるトランスナショナルな移住者は、自国と受け入れ国の間に頻繁に行き来し、母国とは情報面、経済的、文化的、そして個人的なつながりを密接な関係を維持していることは、決して珍しい現象ではない。本研究での調査対象者の多くもトランスナショナルな移動が前提となる場合が多いと予想された。したがって、現代の新日系移民コミュニティを研究する際、トランスナショナリズムの概念を応用する必要があると本研究を実施するに際して考えた。第1章においてトランスナショナリズムについては先行研究の検討を行ってはいるが、再度本章では、新日系移民のケースにこの概念を導入する前に、まず本研究のコンテクスト内における本理論の応用の意味を示したい。

　「トランスナショナリズム」という用語は、本来は離れた複数のロケーションに点在する構造をいかに協働させるのかを指すのだが、用途が拡大し、文化、アイデンティティ、ライフスタイルなど多様な面が含まれるようになった。バッシュら (Basch et. al, 1994) は、以下のように「トランスナショナリズム」を簡潔に定義している。

> 　トランスナショナリズムとは、移民が自らの出自とする社会と移住先において、重層的な社会関係を構築し、かつ維持するプロセスである。このようなプロセスをトランスナショナリズムと称し、多くの移民は、国境、文化、そして政治の境界線を超えて、社会関係を構築する（中略）トランスナショナリズムの核となる要素のひとつは、越境する移住者が、自国と受け入れ先社会の両方において、維持する多方面の関わりである。
> (7)

　現代の国境を越えての移民もしくは移住者に関する研究は、移住をめぐるコンテクストは時代とともに変化していることもあり、トランスナショナリズムと密接な関係性があるといえよう。過去の移民は、限られた層を除いて

現代ほど経済面では恵まれていなかっただけでなく、交通手段の迅速性がなかった。一方、現代の移民や移住者は迅速で頻繁な国際移動を可能にする交通手段に恵まれている。したがって、現在の移民や移住者は、出身国と密接したつながりを維持することが可能でもある。さらに、人々が海外に移り住む理由の多様化によって、移民そのものの概念は変わっている。過去の世代の移民は、貧困や圧政から逃れるために新天地を求めるケースが多かったが、現代の移民は必ずしも母国と移住先の国と経済的格差のために移り住んでいるとは限らない。新移民たちが故郷を離れる理由は多種多様で、その出自とする社会的、経済的環境も大きな範囲にまたがっている。たとえば、少なくない新日系移民は、高度な教育を受け、中間層やそれ以上の階層に属している。このステータスは、彼・彼女たちが頻繁に日本と移住先の国を行き来するだけの余裕と国を超える行動力と自由を有することを示している。

　さらに、今やインターネット技術の進展により、ニュースや文化は様々なメディアを通して伝わり、国際的にもほぼ瞬時に伝播するところになった。自国およびその文化にこれほどの便利なアクセスを持っている以上、新日系移民は海外に住みながらも日本的アイデンティティとライフスタイルを維持することができる。

　米国の新一世[5]に関する本研究の核心的テーマの一つは、新日系移民が持つトランスナショナルな生き方である。米国に移住してきたとはいえ、自らの日本的アイデンティティを放棄しないで、新一世は、強い日本的アイデンティティを醸成しかつ維持する活動に積極的に参与しているのではないかという仮説を留学を通じて知りあった様々な新一世との交流を通じて抱いた。子供世代の新二世についてもこうした仮説が当てはまると思っている。

　日本語学校のカリキュラム、活動においては、教師たちは多方面にわたって児童・生徒が日本とのつながりを持つことを勧めていた。たとえば、日本の学校との交流プログラムを通して、「生きた」つながりを提供している。日本人のゲストを招いたりするなど、色々な方法で生徒と現代の日本をつなげていく試みを提供している。したがって、日本語学校は子供たちに日本語を教える役目を果たすだけでなく、多様な選択肢を用意して、子供たちの米

国での生活にも、事実上日本の文化とアイデンティティを組み入れるような遠く離れた祖国という存在ではなく、現実のつながりを提供しているともいえよう。

　ヤスイケは、「多くの移民はロサンゼルスや他の国際的な大都市に暮らしているのだが、これらの街はいわばグローバル化の産物であり、そこでの経済、政治、そして文化活動は、国境線を超えたロケーションやトランスナショナルなネットワークと密接している。」(2005, 37) と説明している。

　また、大多数の新一世が持つトランスナショナルな本質を、新日系移民を離散者(ディアスポラ)とみなす観点は、有効な視点を与えてくれる可能性があることから、離散者についての概念も分析の視点に組み入れる。サフラン (Safran, W.) は、離散者たちは、母国と関連する言語、文化、宗教などを通して、自らのエスニック・アイデンティティを維持する傾向がある。そして、同じような考えを持つ人々につながり続ける欲求は、現在住んでいる国において「エスノコミュニティ」の意識を育てるとみなしている (1991, 84)。そうであるとすれば、離散者である新移民たちが、特定のエスニック・コミュニティを持つことは、母国の文化を保持し、そして次の世代に託していく鍵でもある。エスニック・コミュニティにおける日本語学校などのエスニック施設は、新一世コミュニティの中心的な存在としての意味を持ち、米国に離散する人々が母国の文化を保持し、そして次の世代に託していく役割としての機能を果たすのではないだろうか。

2　研究方法としてのエスノグラフィとオーラル・ヒストリー

　エスノグラフィ手法は、研究者が特定のコミュニティに深く分け入ることを可能にし、コミュニティ内で用いられる「言葉」[6]を用いてその文化を理解することができる。この手法を通し、興味深い解釈を示すことも可能となる。たとえば、当該のコミュニティは外部からはあるイメージで捉えられている場合に、実際にはそのコミュニティに属している人々は異なるイメージで捉えていることがそこで使用されている「言葉」を鍵として見えてくることも

ある。あるいは、コミュニティ内部での機能ということが見えてくることもある。本研究では、具体的にコミュニティを構成している新日系移民のライフスタイルはどのようなものなのか。そして、日本語という言語と日本文化が高の重要性はどう位置づけられているのかという問いへの答えが見えてくるかもしれない。本研究は、移住、エスニック・アイデンティティ、教育など多くの領域を包摂しているため、新日系移民コミュニティの上記の面を理解するには、かなりの時間をかけてのエスノグラフィをすることで、深く、立ち入った分析を進めていくことが必要不可欠であるともいえる。コミュニティに入り込み観察を行わないまま、いきなり研究対象に対する評価を始めるのは本研究課題を進めていくうえでは十分ではないと筆者は考える。先行研究や文献の検討を行い、問いを設定し、新しい発見の機会や仮説を検証することが重要であるだろう。エスノグラフィを研究手法として採用したのは以上の理由に基づいている。

　次に、本研究においてオーラル・ヒストリー・インタビューを用いる必要性を述べる。オーラル・ヒストリー・インタビューというスタイルは、口頭で述べられた証言を通し、記憶、ストーリー、そして思想を記録し、これにより書写されたある時代の歴史を補完する手法として発展された[7]。歴史文書、統計数字、あるいは報告書などは歴史的視点を提供するのに対し、オーラル・ヒストリー・インタビューは、個人の直接の記憶というレンズを通して、歴史の持つ違う面を明らかにするものである。オーラル・ヒストリー・インタビューを行う者は、語られたものを一字一句漏れずに記録するのでなく、むしろ対話者としての役割を演じ、インタビュー対象者に、あるテーマに対して個人にとっての重要性や意味について話してもらう。このようなインタビューのスタイルは、インタビューで得られたデータへの分析や解釈を容認し、メインテーマを観察する際に異なった視点を導き出す。この手法は、それぞれの個人に重点を置くので広範囲の事象を扱うデータから見られない発見を促すことができる。対象者個人のケースを重要視することで、歴史の人間的側面を理解するのに役にたつ。

　さて、オーラル・ヒストリー・インタビューを研究手法として本研究に導

入する前に、この手法の特徴と典型的なスタイルを知る必要がある。オーラル・ヒストリー・インタビューは、どのように研究の方法論として用いられるようになったのか。理論として扱われているのか、それとも方法論として扱われているのか。エクセター大学のオーラル・ヒストリー学者、グリーンとトループ (Green, A.& Troup, K., 1999) は次のように説明する。

> 大半の歴史学者は、依然オーラル・ヒストリーを主に方法論であるとみなす。このような視点から出発すると、オーラル・ヒストリーは往々にして、多かれ少なかれテクニカルなプロセスの一つとして考えられる。このプロセスを通して、年長者の記憶は質問、録音、そして口述筆記によって引き出される (230)。

コロンビア大学元教授のネヴィンス (Nevins, A.) は、一般的にオーラル・ヒストリーの創始者であると考えられている。ネヴィンスは1938年に、オーラル・ヒストリーの目的は、「素晴らしい生涯を生きたアメリカ人の唇と紙から、過去六十年の間に彼らが参加した政治的、経済的、文化的ライフの、より完全な形の記録を獲得するものである」(1975, 288) と述べている。1948年にコロンビア大学で行われたあるインタビューでは、ネヴィンスはオーラル・ヒストリーが歴史を保存する力を力説し、この手法でなければ、永遠に失われる歴史があると主張する。「オーラル・ヒストリーは、最新で前途有望な安全策の一つである。実際、オーラル・ヒストリーはすでに死者の覚めない夜から、未来が歓喜して重宝するであろう多くのものを救ってきた」(1975, 288)。彼によるオーラル・ヒストリーを通したレコーディング・ヒストリーは、当時では斬新なスタイルだったが、書写された文献に絶対的信頼を置く学者や、彼の説を支持した多くの者の関心を集めた。個人へのインタビューを通してデータを収集することの本質は、情報提供者の一人ひとりの声を拾い上げ、それぞれの経験したことから違いと独自性を発見するところにある。

本研究においても、情報提供者の一人ひとりの声を拾い上げ、各々の経験

から差異と独自性を発見することに重点を置いているオーラル・ヒストリー手法を採用することにした。

3 調査概要

1．3つの調査研究

本研究のデータを収集した時期は、2012年度から2014年度である[8]。インタビュー対象者の視点や生の声を獲得することで、新日系移民の特徴を分析し、トランスナショナルな移民が住むエスニック・コミュニティが持っている現代のコンテクストにおいての意味を検証することができた。インタビュー対象者の一人ひとりから聞き取ったポイントは、新日系移民の独自な特徴についての概念を形成させた。新日系移民に関する知識を文献から得るだけでなく、一対一のインタビューを通してそれぞれの個人から実際の声を聞くのは、彼らのライフスタイル、経験、そして教育目標をより深く理解することのためのデータとなった。

カリフォルニア大学ロサンゼルス校（UCLA）の博士課程に在籍する最初の二年間、コミュニティ観察を通してデータの収集に焦点を絞り、その後、新日系移民コミュニティ内部の統合性を検証した。ロサンゼルス郡のそれぞれの日本人コミュニティの訪問にあたり、参与観察する方法論に従い、コミュニティの内部に身を置き、コミュニティの地元の現象を、内部と外部の視点を通して観察した。本研究において、内部の視点と外部の視点とを上手くバランスを取るのは、多くの面で大変重要である。主要なフィールド・リサーチ対象を、ロサンゼルスのソーテル地域に位置し、「リトル・オーサカ」と呼ばれている新日系移民コミュニティとした。調査が進むにつれ、引き続きこの地域をケーススタディの焦点に定めた。当該コミュニティと深く関わることをきっかけに、個人的なインタビューをセッティングして、またそれを皮切りにスノーボール式に新日系移民グループのメンバーの情報を手に入れた。チェーンあるいはネットワークサンプリングとも呼ばれるが、特定目的のためのサンプリングをする際、最も一般的に採用される手法である

(Merriam, 2002, 79)。数人の新日系移民とその家族と知り合うことは、研究の初期段階において大変有益なものであった。ウェスト・ロサンゼルスやダウンタウンロサンゼルスの日本人コミュニティに対するエスノグラフィ観察を通し、「あなたにとって、日本人であることの意味とは何か」という質問にどう応えるのかを、コミュニティごとに明確に把握することができた。

　第一の研究は、2012年のウェスト・ロサンゼルスにある日系コミュニティ地域における特定の日系スーパーマーケットでのエスノグラフィであった。インタビュー対象者から得られたデータを関係付けたり補充したりするため、ソーテル地域の新一世コミュニティにおいて参与観察を行った。このケーススタディのためのフィールド・リサーチは、「ジャパンタウン」のような新一世のエスニック・コミュニティおよびエスニック関連の施設は、新日系移民にとってどのような意味があるのかに主な焦点を当てている。研究が着眼する点は、新日系移民はいかにエスニック・コミュニティと関係しているのか、コミュニティに関与するモチベーションとは何か、エスニック・コミュニティがカリフォルニアにおける新日系移民の形成において、どのような役割を果たしたのかである。第一の研究はまず、新日系移民コミュニティにおける日系マーケットの役割を検証することにした。このマーケットをケーススタディに、コミュニティがいかにトランスナショナルなアイデンティティをサポートし、日本とのつながりを強化し、そして新日系移民に個人レベルで影響を与えるのかを探る。この日系スーパーマーケットでの6ヶ月のエスノグラフィ調査期間を通して、7人のインタビュー対象者と出会い、彼・彼女たちの中から結果として5人を本研究で取り上げた。

　第二の研究は、日本語学校での子供たちの参与観察とその親やかつて日本語学校に子供を通わせた新一世の親へのインタビュー調査に基づいている。筆者は2013年からウェスト・ロサンゼルスにある日系コミュニティであるソーテル地域にある日本語学校の教師助手を務めた。当該日本語学校は、後述するように新日系移民である新一世の親、そして新二世の子供や国際結婚家庭からの子供たちが多いという特徴がある。そこで、児童たちに直接日本語を教えるだけでなく、新一世親の子供への教育観、日本との関係、あるい

は教育ストラテジーを把握し、何らかの特徴をみつけることを目的とした。ボランティアとして日本語学校の教壇に立つことで、信頼関係を獲得し、親や生徒に対する観察やインタビューなどの機会を得ることができた。インタビュー対象者の設定は、対象者との信頼関係、および前のインタビュー対象者から得た紹介によるところが大きい。二年間を通して、合わせて25人以上のインタビューを実施することができたこの調査では、子供を対象としたインタビューの許可を得ることができなかったが、親へのインタビュー、また現在はこの日本語学校に子供を通わせてはいないが、かつて通わせていた親を紹介してもらうなど多様な新一世である親や国際結婚家庭の親へのインタビューが可能となった。

　第三の調査は、UCLAでティーチング・アシスタント(TA)をしている授業を通じて知り合った大学生やその知り合いを通じて拡大したミレニアル世代である新一世の若者である。彼らの日本語への意識、日本への見方、日米二つの文化に対する価値観等を主にインタビューすることで新一世若者の価値観を把握することができた。第二、第三の調査ともに、テープにインタビュー内容を記録し、その後テープ起こしを行い、キーワードを抽出しながら問題設定に従ってまとめていくという方法をとっている。

　これら三つの調査では様々な異なるタイプの新日系移民と交流することを通じて、日系コミュニティにおける新日系移民のトランスナショナリズムとアイデンティティ、親の教育ストラテジーがいかに交差しているのかを把握することを目的とした。

2．調査対象地域の概要

　本調査はロサンゼルスにあるウェスト・ロサンゼルスにあるエスニック・コミュニティであるソーテル地域を調査対象地域として選定している。ロサンゼルスがケーススタディ先として理想的なロケーションである理由の一つは、新日系移民や新日系移住者人口の多さである。ロサンゼルスは、旧日系移民からの長い移民史がある一方で、現在でも引き続き新日系移民や新日系移住者が集中する場所である。新旧日本人移住者の両方が存在している事実

は、米国における二つの日本人移民集団の比較を可能にしている。図4―2には近年のロサンゼルスの長期滞在者と永住者の人口の変遷を示しているが、ロサンゼルス都市圏に住む日本人数は2000年以降上昇傾向にある。長期滞在者数は2014年から15年にかけて漸減傾向であるのに対し、永住者数は増加傾向にあることが見て取れる。

　ロサンゼルス都市圏では、ダウンタウン、ウェスト・ロサンゼルス、そして日本企業が多く位置するトーランスといった3つの地域に、日系スーパーマーケット、塾、日本食レストラン等の店舗が集積しているエスニック・コミュニティとしての日系コミュニティが形成されている。本研究は、ウェスト・ロサンゼルスにある日本人コミュニティに大きく依拠する。とりわけ、「リトル・オーサカ」として知られるソーテルエリアに焦点を絞っている。イースト・ロサンゼルスの「リトル・トーキョー」は、早期の旧日系一世研究の長い歴史があるのに対し、ソーテルの日本タウンである「リトル・オーサカ」は注目されることはあまりないが、周辺に住む新日系移民・移住者の人口も多く、エスニック・ビジネスも盛んであり、事例研究の対象としては理想的であると位置付けられる。ソーテル地域では、エスニック（日系）・ビジネスが成り立っている様相を示している。この地域の日系スーパーマーケットを訪れると、大部分の顧客は日本人か日本をルーツとする人々であることから、ほとんどの商品は日本の著名ブランドが手がけたもので、日本国内で馴染み深いものが同じ仕様で並んでいる。後述するように様々な日系人の需要にこたえるような仕掛けがある。米国に立地しながらも、日系コミュニティの需要のみに対応しているようにも見える。一方、周辺には多くの日系レストランがあるが、こちらの客層は、日系のみならず多様な人種・民族から成り立っており、グローバルなエスニック・ビジネスとしての活況を呈している。

　行政による「ソーテル・ジャパンタウン」という公式な呼び名は、つい最近の2015年4月1日に認められたばかりである。これは、第二次世界大戦の前から現代に至るまで、日系人の存在と文化的独自性を持つ証明として設けたものである。このエリアは、20世紀初頭から今日に至るまで、日本人移住者にまつわる長い歴史を持っている。この1世紀余りの間、このコミュ

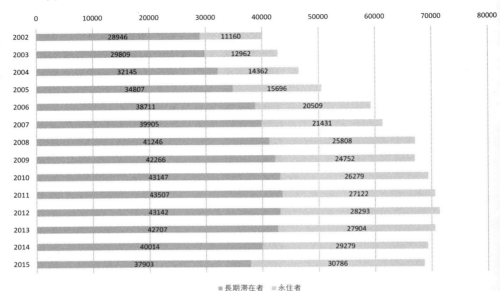

図4―2　ロサンゼルス都市圏に住む日本人総数の動向
(出典：外務省『海外在留邦人調査統計』各年度より筆者作成)

ニティは、ソーテルに定住するそれぞれ異なる日本人移民の波から影響を受け、劇的な変貌を遂げてきた。住民の大半を占めるのは日本人移民だが、その住民の構成やウェスト・ロサンゼルスに滞在する目的は変化してきた。

1900年代の初頭以降、日本人移民がソーテル地域に定住し、その多くは、サンタモニカ、ウェストウッド、ベルエア、ブレントウッドなどの周辺地域で農業、ガーデニング業、景観設計などの仕事に従事した (Fujimoto, Japanese Institute of Sawtelle [JIS] & Japanese American Historical Society of Southern California [JAS], 2007)。第二次世界大戦中の強制収容を経て、多くの旧日系一世はソーテルに戻り、コミュニティもまたガーデニング業と日本園芸の街に戻った。その後、若い世代は社会経済的状況の変化により、少数民族居住区に縛られずに、少しずつソーテル地域から他の地域へと移り住む比率が漸増するようになった。

フジモトらは、日系人の人口構成変化について、「1970年代以降、ジャパ

ンタウンに新しい世代の一世が現れた。この人々は商業に携わる人々あるいは専門職人材で、必ずしもソーテル在住だとは限らないが、「リトル・オーサカ」といった呼称に合うようなサービスを、ソーテルで提供し始めた」(2007, 8) と述べている。最近では、留学生として渡米する人口が増え、新日系移民と移住者、そして日本人ではないものの日本文化に興味を持つ人々がソーテル地域に集まるようになり、日本やクール・ジャパンのような新しい日本文化を巡る多様な人々が集まることが「リトル・オーサカ」コミュニティを象徴する現象になってきた。このように、日本人コミュニティにおける新と旧との二分法的対照はソーテル・ジャパンタウンにおいて特に顕著で、新日系移民や移住者が日本人のニューフェイスとなって旧日系人の地域に根ざしている。

　研究を始めるにあたって、ロサンゼルスの新日系移民コミュニティに位置する新日系移民の第二世代の子供を対象とする、複数の異なるタイプの日本語学校[9]を訪問した。各学校で提供された教育内容を見学し、学校の教職員や子供を通わせている親から話を聞くことができた。最終的に特定の一校を選び、そこで教師助手として働いた。2年に近い教壇に立つ経験を通して、様々なタイプの新日系移民の親および子供たちと交流することとなった[10]。こうしたコミュニティに入り込む経験を通じて、コミュニティを内部の視点から観察することが可能となった。

3．調査の対象者の分類

　筆者は、本研究での教育ストラテジーに関連した参与観察およびインタビュー調査対象者を、渡米の目的と家族が米国に住んでいる現在の状況や背景を基準として新日系移民を以下のように分類した。それぞれのカテゴリーを以下に説明する。

(1) 国際結婚家族

　インタビュー対象者の中で、国際結婚のグループは、両親のどちらか一方のみが新日系移民である。両親とも新日系移民の家庭と比べ、片一方の親か

らしか日本的影響を受けていない子供は、日本的アイデンティティや日本語の語学力などの面において、日本との関係性も自ずと違ってくる。結果として、合計15例にのぼるこのような事例は、本研究におけるインタビュー対象者の大半を占めることになった。

(2) 永住する新日系移民家族

このグループは、両親とも日本生まれの日本人で、それぞれ独自の動機で米国に渡り、その後結婚した事例である。このグループは、会社勤めのサラリーマンから高等教育機関勤務の専門職に至るいわゆるホワイトカラーの仕事に従事する者およびエスニック・ビジネス関連、食品産業、農業関係の仕事等ブルーカラーからグレーカラーの仕事に従事する者の両方を含めている。事例によっては、同じグループにまとめるのが困難な場合もある。

(3) 一時的滞在者家族

本グループは、新日系移民に属するとはいえない米国に一定期間しか在住しない一時的滞在者である。このグループは基本的に学術機関や企業に所属する人々によって構成されているが、所属先から一定期間、米国に派遣されてきたことが共通項である。米国に定住もしくは永住するグループの事例と比較すると最も顕著な違いを示している。子供たちへの教育目標も永住計画を持つ人々と著しく異なり、子供に対する教育に独自な要求とストラテジーを持っていることが特徴でもある。

これらのグループを職業によってさらに細分化し、社会的階層、社会資本、社会経済ステータスなどの要素が、どのように新日系移民としてのアイデンティティに影響を及ぼしたかについて検討しようとしたが、残念ながら統計学的に意味をなすほどのサンプルを集めることはできなかった。しかし、本研究を通して、職業の傾向により、ある程度対象者の経済的・社会的地位、視点、そしてアイデンティティに違いが見えてくることは明確に把握できた。このことは、対象者の子供に対する教育ストラテジーに影響を与える要素にもなることも把握できた。

4　本研究の目的と意義

　米国における日本研究の傾向として、旧日系移民や日系アメリカ人に対する研究の大多数は、1900年代初頭に渡米した早い時期の日本人移民に関心が集中している。早期の日系アメリカ人に対し、分野横断な手法で検証するものから、差別との戦い、第二次世界大戦中に経験した苦難を扱うものまで、実に豊富な研究成果がなされている。しかしながら、日本を離れる離散者（ディアスポラ）の状況は、日本と米国との経済的・政治的な関係性の変化によって、当時と比べ状況は大きく変化している。早期の旧移民の時代では、日本人移民の第一波は、労働力として海外に渡り、教育や経済的に恵まれず、このような芳しくない状態は彼らの移民としての経験を大きく左右した。しかし時間が経ち、その後の日本はGDPで世界第3位の経済大国へと変貌を遂げた。これにより、日本はむしろ海外から移動してくる人々を受け入れる国となり、特に東南アジア、南米、そして中国出身者が多数住む国となっている。しかし、豊かな経済環境と高い生活水準を有するにもかかわらず、やはり個人の意思で日本を離れ、海外に行く道を選ぶ者は一定数存在する。彼・彼女たちの背景や状況は、第二次世界大戦以前の移民のそれと比較すると、著しく異なるのが事実である。移民研究の分野では、海外における新日系移民に対する関心がそれほどない状況は依然として続いており、この新しい研究分野の開拓は十分とはいえないのが実情である。日本と米国の両方を知っているエスノグラフィ研究者として、本研究が、新日系移民コミュニティと、彼らが持つ現代の移民としての経験に対する理解を深める一助にでもなればと期待している。

　新日系移民に対する研究の空白を埋める作業は、エスニック・コミュニティの形成とその機能といったより大きな研究課題につながるのではないだろうか。本研究は、新日系移民を研究対象とし、エスニック・コミュニティが彼・彼女たちにとってどのような意味を持っているのかは、多くのエスニック移民の中での一例にすぎない。しかし、本研究の成果は、他のエスニック移民

へ の理解にも関係すると思われる。先述したように、ロサンゼルスには、多種多様なエスニック・グループが併存している。このダイバーシティ（多様性）に富む街で、文化空間を共有することの意義は、日系移民だけでなく他の移民集団にも関連するイシューである。米国では、移民集団の数は増加しており、その特徴にも変化が見られる。増加している他の移民集団も新日系移民のように、多くは高等教育を受け、経済的にも余裕がある者である。このように、グローバル化現象は、「移民することの本質性」に根本的な変化をもたらしたといえるだろう。特に国際関係、貿易、知識経済の発展で新しいタイプの移民を呼び込み、歴史的に移民が労働者か難民かというパターンから大きく外れている現象が観察されるようになった。現代の移民の多くは、強力なトランスナショナルなアイデンティティを維持するだけの重層的なリソース（資源）を持っており、彼らの職業とコミュニティは、母国との強いつながりを維持させている。国境を越えて移動する人々の集団が増加し続ける現実を念頭に、本研究はグローバル化が進展した現代のコンテクストにおける移民の意味に新しい視点を付加することにも貢献できるのではないだろうか。

エスニック・コミュニティのなかに入り込み、同じ言葉を話し、そして米国と日本の両方の文化およびライフスタイルを理解している筆者にとって、これまで注目されてこなかった新日系移民コミュニティにスポットライトを当てることは、研究者としての責務であると考えている。米国のようなグローバルで多様化した社会で暮らすうえで、多くのエスニック伝統や視点を理解することは基本でもありかつ重要である。エスニック・コミュニティの規模が小さくとも、国際貿易と消費を支えているという点で経済的にも重要な役目があることを失念してはならない。エスニック・アイデンティティ、文化、経済的影響などの面から見ても、エスニック・コミュニティをグローバル化の影響の縮図だとみなすことができる。技術と知識の進歩によってグローバル化がさらに世界を変容させていくスピードが加速化される現状で、これらエスニックに関する人口動態やコミュニティの役割を理解することはますます重要になっていくだろう。

本研究の最終目的は、米国に住む新一世の立場と、子供をどう教育するのかを理解することである。彼らの状況を理解するため、集団としての特徴、エスニック・コミュニティ、そして補習校などは分析する際の鍵概念である。この研究は、とりわけウェスト・ロサンゼルスにある現代の新日系移民コミュニティを例に、グループ間における多様性という現実を導き出す。また本研究は、これまでの先行研究が見落とした新日系移民コミュニティの様々な側面での詳細説明を行う。新日系移民コミュニティに対する観察は、主にトランスナショナリズムとグローバル化の視点に基づいて実施し、これらの概念が新日系移民コミュニティや日本語学校で子女を学ばせている新一世親世代の教育ストラテジーにいかなる影響を与えているかを明らかにする。

注

1　これまで説明してきたように一時的滞在者の中にも永住権を取得している人々もいる。また、新一世である人々も日本に帰国する場合もあり、移動していることから確実なデータが取りにくいからである。
2　質的調査法についての書籍、文献は数多く出版されている。ここでは、佐藤郁哉（2002）．『フィールドワークの技法：問いを育てる、仮説をきたえる』新曜社．北沢毅、古賀正義編（1999）．『社会を読み解く技法：質的調査法への招待』福村出版．ホルスタイン，ジェイムズ，グブリアム，ジェイバー（1995）．『アクティヴ・インタビュー』山田富秋他訳（2004）．せりか書房等を参考にしている。
3　2014年度の冬季までは具体的には2015年の1〜3月までを意味している。
4　版権は本文の筆者に帰属する。
5　ここでは、新日系移民を構成している新一世という用語を用いている。
6　ここで意味する「言葉」とは何らかの共通の概念をベースとしてそのコミュニティ内での日常生活で用いられる用語等を使用することを意味している。
7　オーラル・ヒストリー研究については、ヤウ，バレリー R.（2005）．『オーラル・ヒストリーの理論と実践―人文・社会科学を学ぶすべての人のために』，吉田かよ子他訳（2011）．インターブックス．御厨貴（2007）．『オーラス・ヒストリー入門』岩波テキストブックス．に詳しい。
8　2012年9月から開始し、日本語学校での参与観察、補助教員としての勤務を含むと2015年3月までエスノグラフィを実施したことになる。ただし、2011年から開始した予備調査も含めると参与観察を含めた全体の調査期間は2011年から2015年までの長期間にわたる。

9 ここでは日本語学校としているが、その内訳は主に一時的滞在者子女を対象とする補習校と永住者や新旧日系移民、国際結婚家庭の子女が多く通う日本語学校を含んでいる。

10 日本語学校での参与観察と新一世親と新二世である子供世代への調査については第6章で述べる。

第5章 エスニック・コミュニティとエスニック・施設
―― 「新一世」にとっての日系スーパーマーケットの役割

本章のねらい　本章では、ウェスト・ロサンゼルスの日系スーパーマーケットを訪れる新日系移民・移住者の特性を考察する。その際、コミュニティと、そのコミュニティ内のエスニック施設の意義に目を向ける。そして、日系移民・移住者はどのような人たちであり、そのエスニック・コミュニティは彼らの生活のなかでどのような役割を果たしているのかを明らかにする。日系のエスニック・コミュニティ、とりわけ日系スーパーマーケットがロサンゼルスの現代の日系移民・移住者にとってどのような意味をもっているのか、どのような役割を果たしているのかという視点から、日系スーパーマーケットを訪れる客の参与観察を基に考察をしている。

はじめに

　米国のようにグローバル化した多様な社会で暮らすには、日常生活で出会う様々なエスニックな伝統や考え方を理解することが重要である。こうした多様性は、チャイナタウン、コリアタウン、その他特に名称のないエスニック地区を含め、エスニック・コミュニティがいくつも存在することからはっきり見て取れる。エスニックなアイデンティティや文化、経済的影響のいずれを見ても、エスニック・コミュニティは多くの点で、グローバル化の国のみならず、ある国における地域レベルでの影響の縮図とみなすことができよう。技術の進歩によって世界のグローバル化が進むにつれ、そうした変化は

われわれのライフスタイルに影響し、多様性への理解にも影響する。そうした影響はエスニック・コミュニティ内でも見られる。本章は、新日系移民のコミュニティを調査対象とし、そのコミュニティが米国内でどのように機能しているのか、構成員がますますグローバル化しトランスナショナルになるなかでどのように機能しているのか、理解を深めることを目的とする。

　1980年代後半、グローバル化と相まって多数の日本人が新たに米国に移住するようになった。日本語では、こうした日系新移民の第一世代は「新一世」、彼らのアメリカ生まれの子供は「新二世」と呼ばれている。日本語で、*shin* は新しい、*issei* は第一世代、*nisei* は第二世代を意味する。これはさらに、「三世」「四世」「五世」と続く。これらの用語は新世代と旧世代の違いを示すために用いられるもので、自分たちの文化的アイデンティティやエスニック・アイデンティティを明確にし、保持しようとする試みの一つとして、日系アメリカ人コミュニティでよく使われる。旧日系アメリカ人を一世、二世、三世、四世などと世代区分することが正しいのかどうかについては、日系アメリカ人研究で疑問視されているが、米国における旧日系移民と新しい移住者集団もしくは新日系移民には相当な違いがあり、「新一世」というカテゴリー化は正当と思われる。

　また、これらの用語は、新移民と旧移民の世代間の相違を区別するために使われており、日系アメリカ人コミュニティ内で自分たちの文化的アイデンティティ、エスニック・アイデンティティを明確にし、保持しようとする試みの一つとして用いられることが多い。さらに、新日系移民と一時的滞在者も、永住が基本となっているか、一定期間米国に滞在しているかという法的地位により区別されている。このようなカテゴリー分類の背景には彼らを取り巻く状況が、グローバル化の要因、教育、経済的背景、アメリカ社会での受容という点で、第二次世界大戦以前の日系移民とは大きく異なることがある。新日系移住者[1]は多様な集団であり、永住を目的とするブルーカラー・ホワイトカラー被雇用者、小規模事業経営者、一時的滞在者である日本企業から一時的に派遣されている海外駐在員、研究者や留学生も多数含まれる場合もある。

本章では、「新一世」を米国での法的地位に基づいて分類し、副次的分類として日本を離れた目的も考慮する。新日系移住者のすべてが米国に定住しようとしているわけではない。日本企業から派遣されて米国に一定期間滞在する駐在員などもいる。それゆえ、一時的滞在者というカテゴリーは重要である。新日系移住者は移動性が高く、そのうち相当数は日本に帰るつもりであるからだ。本章では一時的滞在者に加え、いつか日本に帰るつもりでいる新日系移民、将来どこに居住するか未定の新日系移民を含めて「移住者」という。

　米国に新日系移住者が登場したことによって、現代のグローバル化やトランスナショナルなアイデンティティという観点から移住を考察することができる。こうした新日系移住者を定義するうえで、考察するべき最も基本的な問いの一つは、彼らは米国のなかで自分たちをどのように定義しているのか、移民あるいは移住者と定義しているのかということである。この問いは、彼らが日本と米国の間でどのように暮らしているのかを理解するうえできわめて重要である。さらに、新日系移住者のなかには、長期的な計画もなく米国に渡航し、滞在し続ける者もいる。米国滞在の理由は様々であるからアイデンティティの捉え方も違うし、「移民」という語自体についても考え方が違う。たとえば、企業駐在員の大多数はいずれ帰国するつもりであるから、トランスナショナルなアイデンティティを保持しようとし、米国社会に適応しようとはしない傾向がある。このような形の移動は、新日系移住者によるエスニック・コミュニティの形成およびエスニック・コミュニティとの関係、さらにはアメリカの社会や文化への全般的適合のありように大きく影響する。

　ところで、文化的アイデンティティ、エスニック・アイデンティティを保持することは新日系移住者にとってどのような意味があるのか。新日系移住者について研究するには、日系のエスニック・コミュニティを構成する日系スーパーマーケットや日本語学校、レストラン等施設を調査研究することが重要となる。そうした施設は、新移住者が同じエスニック集団と出会い、交流できる場所であり、米国で日本を感じられる場所であるからだ。人と日常生活と欠かせない「食料」を売るマーケットとのかかわりを考察することで、

エスニック集団のライフスタイルについてより深い洞察を得ることができると仮定した。米国に位置する日本の食料スーパーマーケットは、顧客の大半は日本人か日系人であるが、日系の人々のみならず、様々なエスニック・背景を持つ人々が集うというグローバルな雰囲気と機能を持っているので、トランスナショナルな観点からも観察できる。

　筆者は日系コミュニティにおけるスーパーマーケットの役割を調査するうちに、自分もこのコミュニティの一員だと思うようになった。私自身が日本人であり、その私がなぜ日系コミュニティや日系スーパーマーケットに出かけるのだろうか。私自身の経験からいえば、日系スーパーマーケットによく行くのは、カリフォルニア大学ロサンゼルス校（UCLA）に近いという利便性が理由としては妥当であるように思われた。また、米国のスーパーマーケットで手に入らないものを購入するために行く。とはいえ、出かける動機はほかにもある。私はなぜロサンゼルスの日系コミュニティ、なかでもソーテルのリトル・オーサカに行くのだろうか。こうしたことを自省すると、フィールド調査をする前に自分なりに仮説を立てられた。私はUCLAに留学してきたが、留学期間が長くなるにつれて、留学生としてUCLAコミュニティへの帰属意識を持つ一方で、なにか外国人としての寂しさを感じることも多々あった。そして、自らの文化や生い立ちについて、わかりあえる人と話せる場所はあるのだろうかと自問した。ロサンゼルスの日系コミュニティと代表的なスーパーマーケットをフィールド調査する以前にもこの特殊なエスニック空間にいつも興味をそそられた。日系スーパーマーケットでは、客の大半が日本語を話し、日本的な行動様式で振る舞うのを目にすることが多い。そのような時、スーパーマーケットは現代日本を体現する場所になっている。

　本研究では、ウェスト・ロサンゼルスの日系スーパーマーケットを訪れる新日系移住者の特性を考察する。また本研究の一環として、新日系コミュニティと、そのコミュニティ内のエスニック施設の意義に目を向ける。そして、日系移住者はどのような人たちであり、そのエスニック・コミュニティは彼らの生活のなかでどのような役割を果たしているのかを明らかにする。

1 問題の所在

　ドイツの文化人類学者ギュンターはドイツ・デュッセルドルフの新日系ビジネス・コミュニティの調査研究を通して、日系コミュニティの形成について次のように述べている。こうした駐在員コミュニティの拡大と並行して、現地での日系ビジネスは新たな市場機会として、スーパーマーケットや書店、美容院、不動産屋、飲食店、カラオケ店等を企業の社員とその家族のニーズに合うものとして認識するようになっている」(Günther, 2003, 110)。デュッセルドルフの日系コミュニティに関するギュンターの記述は、日系コミュニティがドイツ在住の日本人集団にとって、なぜエスニック情報やエスニック文化の重要な拠りどころとなったのか、また、なぜ彼らのライフスタイルや文化、国外でのアイデンティティと強い双方向のつながりを持つようになったのかを説明している。モーデルは、エスニック・エンクレイブ（集住地区）は「エスニック集団が何らかの活動と影響力を確保している占有空間」(1985, 64)だと述べているが、ウェストロサンゼルスでの研究対象地域の場所にもこのモデルの記述は相当する。グッドマン等の 2003 年の著作 *Global Japan* は、日本以外の国（ドイツ、イギリス、米国、香港、シンガポールなど）の様々な日系コミュニティの起源の考察に数章を充てている。そして、在外日系コミュニティについて次のように述べている。

　　日本人移住者は移住先の都市や国に閉じ込められ、孤独である。世界各地の都市に日本の文化的・社会的景観が生まれれば、日本人移住者は、東京や名古屋、大阪と同じようなルールや期待に応じて機能する日本的社会環境に浸ることができる。(2003, 9)

　グッドマン等の調査結果によって、新日系人は日本でのライフスタイルの延長で日系コミュニティを形成することがさらに裏付けられた。ある意味ではそのために彼らはホスト社会からさらに孤立し、同化への期待から遠ざ

かっている。

　リーは、これまで新移民を想起させてきたゲットー（貧しいエスニック・エンクレイブ）に代わる用語として、近年ロサンゼルス郊外に見られる中国系移民集住地区について「エスノバーブ」という概念を提唱している (2009, 48)。この概念は、米国の日系新移住者の多くにも適用できる。すでに述べたように、企業駐在員だけでなく小規模事業者やサービス業従事者、ブルーカラー労働者も多くいて、エスノバーブで重要な役割を果たしている。彼らはエスニック・ビジネスに対する需要を満たしており、そうした需要を生み出しているのは、国外でも日本的生活様式の維持を望むトランスナショナルな職業人たちである。小規模ビジネスのオーナーや従業員は日系の食料雑貨店や書店、補習授業校、飲食店などのエスニック・サービスを生み出して、彼らのニーズに応えている。こうしたサービスは、新日系人にとってトランスナショナルなエスニック・アイデンティティの保持を可能にするという意味で重要である。また、それらは日本語で提供され、日本文化の慣習に従ってもいる。つまり、新日系人は米国で同化に代わる社会関係を形成するだけでなく、日本語や日本文化、日本的社会規範をも維持することができるのである。リーは、「集団内の富裕層と貧困層の相互依存がエスニシティを強めると同時に、両者の対立がエスニックな連帯を弱めてもいる」(2009, 48) と指摘している。

　筆者の調査研究の関心は、日系のエスニック・コミュニティ、とりわけ日系スーパーマーケットがロサンゼルスの現代の日系移住者にとってどのような意味をもっているのか、どのような役割を果たしているのかという点にある。日系エスニック・コミュニティと日系スーパーマーケットは米国における新日系移住者社会の形成に重要な役割を果たしていると、筆者は考えている。日系スーパーマーケットは、日本商品を購入できる場所としての機能にとどまらない。新日系移住者ならではの特性を理解するには、トランスナショナリズムとグローバル化の理論を理解する必要がある。ビジネスと経済の観点からいえば、これら多くの新日系移住者集団の背景にはグローバル化があり、国際統合の進展がある。国際調査や国際共同研究に重きを置く大学など研究機関に所属する者も多いし、日本企業の海外拠点に駐在する者もい

第5章　エスニック・コミュニティとエスニック・施設　87

る。また、米国内で「日本的なもの」に対する需要を満たすエスニック・ビジネスを立ち上げた者もいる。

　さらに、こうした新日系移住者は「米国人」になることを強いられていないということを理解するうえで、トランスナショナリズムが重要な意味をもつ。彼らは米国在住者としてのアイデンティティと日本人としてのアイデンティティを両方保持することができる。米国に長期間住んでいても、非常に強い日本人アイデンティティを保持できる。エスニック・コミュニティとその役割を理解するうえで、これらの要素がいずれも重要である。グッドマンらは、米国の移住者集団と新日系移住者を調査して、「居住期間が短く移動率がかなり高いにもかかわらず、移動先で何らかの『コミュニティ』を形成している」(2003, 79)と述べている。これはつまり、ある種の移住者集団は出身国社会の延長としてコミュニティを形成するということである。なぜエスニック・コミュニティの形成によって母国の延長なるものをつくる必要があるのかは疑問である。筆者は新日系コミュニティと、日系マーケットなどの施設を調査し、コミュニティ形成・維持のプロセスを明らかにしたいと考えている。本研究は現地調査に基づいた考察により、新日系移住者に関するエスノグラフィ研究を行うとともに、米国内のアジア系エスニック・コミュニティの役割と意味というより広範なテーマも扱うことにする。

2　研究の背景

　筆者がこのような研究に関心を持つようになった理由の一つは、ロサンゼルスで様々なエスニック・エンクレイブと出会ったからである。ロサンゼルス南部にはコリアタウンがあり、ハリウッド北部にはタイタウンがあり、ダウンタウンにはチャイナタウンとリトル・トーキョーがある。日本人留学生であった筆者は新日系エスニック・コミュニティに焦点を当て、Aマーケットを中心に事例研究を行うことにした。研究を進めるに当たり、新日系エスニック・コミュニティについて二つの問いを設定し、その答えを求めて、新日系移住者についてより多くのことを知ろうとした。

①日系施設は日系エスニック・コミュニティにとってどのような役割を果たし、どのような意味をもっているのか。
②新日系エスニック・コミュニティはカリフォルニア州における新日系移民のアイデンティティ確保にどのような貢献をしているのか。

3　調査対象地と調査方法

1．調査対象地

　カリフォルニア州には日系マーケットが多数ある。家族経営の小規模なものもあれば、AマーケットやBマーケットプレイスなど、チェーン展開している大型スーパーもある。また、Cコーポレーションなど、日本に本社をおくチェーン店もある。本研究では、米国の日系新移住者のエスニック・コミュニティの役割と意味について理解を深めるために、ロサンゼルス市ソーテル地区にあるAマーケットの存在意義を考察する。ソーテル地区は新日系移住者が多く、日本食レストラン、書店など日系ビジネスも多いので、新日系人に関する事例研究に格好の場所であるといえる。この地区は、ダウンタウンの「リトル・トーキョー」と対比させて「リトル・オーサカ」と呼ばれることがある。この命名は、日本で大阪が東京より西にあることによるもので、この二つの地区が現在ではロサンゼルスにおける同格の日系コミュニティになっている。

　日系コミュニティ、これらのなかでもロサンゼルス西部ソーテル地区の日系コミュニティを観察すると、日系ビジネスはトランスナショナルな観点から見て非常にグローバル化された雰囲気をもつことがわかる。この地区の日系マーケットに出かけると、異なるエスニック背景を持つ人々もいるが、顧客の大半は日本人か日系アメリカ人であり、ほぼすべての商品が日本の大企業、日本でよく知られた企業の製品である。米国製品は扱っていない。包装やラベルも日本とほぼ同じである。おそらく違うのは、加工食品に英語の成分表示ラベルも付いていることだろう。さらに、日系スーパーマーケットの

出入り口におかれているフリーペーパーの多くは全ページ日本語で、英語に翻訳されていない。こうした日系スーパーは米国にあるにもかかわらず、日系コミュニティのニーズのみに対応しているとも見て取れる。日系マーケット以外にもいろいろなビジネスがあり、商品を供給するだけではなく、米国にあって日本の文化的・社会的雰囲気の一端を提供してもいる。このようなケースにおいては、エスニック・コミュニティは日本人としてのアイデンティティを国外で保持するために不可欠だといえる。

2．調査方法

　米国の新日系移民や移住者である在米日本人にとってエスニック・コミュニティやエスニック・エンクレイブはどのような意味を持つのかを理解するには、エスニック・コミュニティを内側から観察し、コミュニティの成員に直接話を聞くことが重要である。特に移民第一世代は母国の文化をしっかり保持しているという特性があり、彼・彼女たちの声を慎重に分析する必要がある。新日系移民には様々な社会的・経済的背景があるので、個別に綿密に分析しなければ妥当な結論を引き出せないだろう。したがって本研究においては、コミュニティ内でインタビュー調査を行うことが、データを収集し、主要な調査テーマに取り組むうえで理想的な方法である。

　この調査では、日系スーパーマーケット、隣接するフードコート、近隣のエスニック・コミュニティで顧客の参与観察を行い、フィールドノートを作成した。加えて、日系スーパーマーケットの顧客から5人を選んで子細なオーラル・ヒストリー・インタビューを行い、一人ひとりの話から日系スーパーの役割について理解を深めようとした。インタビューに応じてくれたのは日系新移民と長期滞在者であった。インタビューと現地観察のために何度もAマーケットに出かけて気づいたことだが、顧客のなかには日系アメリカ人も多く、また日系ではない顧客もいたが、国際結婚により片方が日本人であるといった特徴が見られた。その意味では、数世代にわたる日系アメリカ人のほか、日本と様々なつながりを持つ人たちがAマーケットに来ることがわかったので、こうした人たちの意向も調査して、エスニック・マーケットの

空間と機能の全体像を分析することにした。そこで、日系アメリカ人1人と、日本で1年間就労していた非日系の学生1人にもインタビューした。

インタビューのスタイルと手法は相手によって違った。1人に費やしたインタビュー時間と、相手からどこまで話を引き出せたかを振り返ると、おおむね最適なインタビュー時間は30分であった。

本研究では、Aマーケットの顧客のうち、異なる背景をもつ7人にインタビューを行い、彼らの語りを公表することを許諾してくれた5人の語りの内容からまとめることにした。5人の背景情報は表5—1のとおりである。

調査においては、インタビューに加えて、現地観察という手法を用いた。筆者は調査の過程でAマーケットに15回以上通った。1回の滞在時間は平均1時間であった。Aマーケットは、書店、不動産屋、飲食店などの日系ビジネスが入居する小規模ショッピングセンターのなかにある。ショッピングセンター全体を観察したが、特にAマーケットと小規模フードコートを重点的に観察した。

筆者自身も大きく分類するとその時点での留学生である一時的滞在者ではあるが、米国での滞在期間を考えると新日系移住者に属する1人とも考えられるので、自分自身の経験も重ね合せて調査を進めた。筆者は日本で生まれ、0歳で渡米し8歳時に日本に帰国した。大学時代にカリフォルニア大学サンタバーバラ校に留学し、日本での大学院時代にはスタンフォード大学で1年間訪問研究者として研究を行った。新日系移住者と共通する経験が多くあり、そのため、筆者がインタビューした新日系移住者の感じ方についてはシンパ

表5—1　インタビュー回答者の背景情報

回答者	年齢	性別	職業	背景情報 属性
T	30代	女性	教員	新日系移民
S	20代	女性	学生	日系2世
E	40代	男性	教員	新日系移民
C	70代	女性	従業員	日系2世
J	20代	男性	学生	日本での就労経験有

(出典：筆者作成)

シーを持って理解できた。

4　調査結果

　以下では調査結果、特にエスニック・アイデンティティのテーマと関係する調査結果について記述する。結論を先取りすれば、日系マーケットなどエスニック・マーケットは日本の文化と伝統を感じ、保持する場所として、コミュニティ内で重要な役割を果たしている。日本の伝統を保持するとともに、将来世代のためにエスニック・アイデンティティを形成する役割も果たしている。

1．日本的雰囲気の提供

　AマーケットなどのE系スーパーマーケットには、米国のスーパーマーケットとは違った特色がいくつかある。日系マーケットには、米国のなかで日本を感じられるものを再現しようとする狙いがあり、つまりそこは、日本人が違和感なくほっとできる物理的空間である。筆者がインタビューした人たちの多くはそこで買い物すると強い郷愁を感じたり、居心地のよさを感じたりしていた。顧客のほかに、スーパーの従業員にも話を聞くことができた。この従業員（女性）はカレーの試食販売をしていた。「なぜAマーケットに客が来ると思うか」と質問すると、即座に、「AはBやCより日本的な顧客サービスがいいからだ」という答えが返ってきた。たとえば、Aの従業員は「いらっしゃいませ」と言って客を迎える。その意味するところは、「ようこそ、いらっしゃいました。来てくださって、ありがとうございます」である。このあいさつは、日本ではごく普通のことで、日本人客を相手にする業界では極めて重要な呼びかけである。筆者は日本の食品スーパーでアルバイトをしたことがあるが、最初の数週間でマスターしなければならない訓練マニュアルがあり、それには適切な接客マナーが示され、「いらっしゃいませ」と言って客を迎える訓練の必要性が強調されていた。筆者がインタビューしたこの従業員の話は、筆者自身の日本でのアルバイト経験をはっきりと想起させた。

さらに、質の高い顧客サービスは日本文化に不可欠な要素であり、米国文化とは大きく違う点である。「いらっしゃいませ」などの声かけはこうした顧客サービス志向の文化を象徴するものであり、Aが日本的アイデンティティの構築に努めていることを示してもいる。文化的観点から見ると、日本の社会的規範や日本的な期待をもちこむことで、日系新移住者は日本的な「空間」にいると感じられる。これも日系コミュニティにおけるAマーケットの役割の重要な一面である。

この従業員は、日本人客に好まれる環境をつくるために、非日系の従業員も日本語の基本的な語句や特定の日本食品を覚えることを期待されているとも話してくれた。ここソーテルのAマーケットにはヒスパニック系の従業員がいて、彼らは日本人客に居心地よく感じてもらい、目当ての食品探しを手伝えるよう基礎的な日本語を学んでいるという。筆者はそれを聞いて、ためしに日本人らしからぬ従業員に、「すみません、イカの刺身、ありますか」と聞いてみた。すると、「はい、こちらへどうぞ」と言って、魚介コーナーへ案内してくれた。その時、日本語で対応してくれることのうれしさを認識したものだった。筆者は英語も使用するが、Aなどの日系マーケットで買い物する時は、日本語で話して理解してもらえることが重要な意味を持つことを再認識した。

日系マーケットはコミュニティのなかで、米国にいながら日本を感じさせるという役割も果たしている。たとえば筆者がインタビューを行った男性教員のE氏は、Aが日本のスーパーの特徴をいくつか保持していることに注目していた。毎週火曜日はサンドイッチが20％引きだったり、毎日午後7時から8時は20～30％引きになったりするという。こうしたタイムセールは日本のスーパーの顕著な特徴であり、この時間帯を狙って食品を買いに来る客が多い。Eは「スタンプ」制も気に入っている。買い物をするとスタンプカードにスタンプを押してもらい、スタンプがたまると値引きしてもらえる。これは米国のポイント・プログラムに似ているが、スタンプを使うところが、日本のスーパーならではのリピート客獲得方法である。日系マーケットは米国でもこうした慣行を続けることで、日本のスーパーと同じ感覚で買

い物できる場所を顧客に提供している。こうした経験ができる機会は、特に第一世代である移民、つまり新一世に重宝がられる。

　また、日系マーケットは扱う商品や商品の並べ方も日本と同じようにしている。店舗のレイアウトや商品の並べ方が米国のスーパーとはずいぶん違うが、日本に住んだことのある人には違和感がないようだ。筆者がインタビューした非日系人は学生時代に日本で2年間就労した経験があり、次のように話してくれた。

　　日本のスーパーの商品の並べ方はとても日本的、まったく日本的です。Aは、特価品など売りたい商品を目立つところに並べるところがよく似ています。Aは日系スーパーですから、日本のスーパーと同じやり方をしているのでしょう。サービス水準や美的価値観や景観が日本のスーパーとまったく同じです。それは、日本のスーパーと同じように営業する日系マーケットだからです。

　日本で育った筆者もまったく同感であり、Aマーケットは商品を提供するだけでなく、「日本のスーパーでの経験」を丸ごと米国にもたらそうと大いに努力したのは間違いない。すでに述べたように、Aマーケットの数々の特徴は、商品の並べ方、店舗の看板、宣伝方法、ラベル表示、さらには狭苦しい通路など、筆者の考える日本的スーパーの特徴と合致する。興味深いことに、これがAマーケットの顕著な特徴であるにもかかわらず、筆者がインタビューした新日系移住者人は誰もこの点に触れなかった。その理由を考えると、日本に住んでいて、日本のスーパーはこういうものだとわかっている人にとっては、Aの特徴は特別珍しいものではなく、あえて言及することではなかったのだろう。そうであれば、日系マーケットは店舗のあり方という点で、日本のスーパーでの経験を再現するという目標を達成しているように思える。

　筆者がインタビューした5人のうち4人は日系アメリカ人を含む日系人で、J氏だけが日系マーケットによく行く非日系人であった。Jはなぜ日系マー

ケットに行くのか、日系マーケットをどう思っているのか知りたくて質問したところ、彼の回答は他の4人とはかなり違った。Jは日本で2年間仕事をしたことがあり、彼の回答を聞いて、筆者は別の角度から日本について考えさせられた。この米国人は日本に住んでいた時、米国に住む日系人と同じような経験をしていたのである。Jは次のように語っている。

　　ぼくは日本にいた時、国際的な店に時々行きました。行けば、自分の文化をわかってくれる人と出会えました。外国に住んでいると、そういうことがなくて、同じ文化を感じたくて行くんです。

　日本人である筆者も、米国で暮らしていると同じようなことを感じる。そうした帰属意識、ある文化や慣れ親しんだ環境へのこだわりゆえに新日系移住者は、Aマーケットなどエスニックな施設に惹かれるのだろう。

2．エスニック・アイデンティティの確認機能

　インタビューのなかでよく話題になったのは、日本商品の消費につながる日本の伝統や記憶、文化行事をめぐる思いであり、日系マーケットにつながる日本についての漠然とした思いであった。日系人顧客4人の背景事情はそれぞれ異なるが、4人とも日本の食材や食べ物を話題にした。どういう時に買うのか、購入する食品にどのようなつながりやこだわりがあるのか、その食品にどのような象徴的意味があるのか（**表5—2**参照）。そうした日本の食材や食品は日系マーケットでただ販売されているのではない。食材や食品に焦点を当て、もっと掘り下げて分析すれば、顧客のアイデンティティをいくつかの観点から分析できることに気づいた。

　インタビューした人たちは特定の食品や商標、日本名を何度か口にした。そうした識別子は日本に対する一人ひとりの記憶と強く結びついている。たとえば、米国で育っても子供のころ親が調理してくれた日本の料理は覚えているし、はっきりと記憶に残っている日本の食べ物があったりもする。また、日系マーケットは米国のスーパーとは違うと漠然と感じていたりもする。筆

表5—2 インタビュー中に話題になった食品とその回数

食品の種類					
インタビュー回答者	野菜	日本特有の食品	パン	肉類	魚介類
T		1		1	1
S	1	6			
E		1	1		
C					
J					
計	1	8	1	1	1
言及された食品名	かぼちゃ	弁当 豆腐 納豆 漬物 梅干し まんじゅう	食パン	トンカツ 薄切り肉	サバの塩焼き

(出典：筆者作成)

者が日系マーケットで調査をしようと決めた時、日系マーケットは当然ながら食品を扱っているが、インタビューした相手が皆、食べ物や食べ物と文化のかかわりに触れるとは予想していなかった。調査結果をまとめる過程で、インタビュー中によく話題になった食品名をリストアップした。表5—2は、日系人顧客へのインタビューでいちばんよく出てきた肉、魚、野菜などを示している。

　食べ物が共通の話題になることについては様々な解釈が可能だが、食品がはっきりした文化的背景を示す要素になりうることは注目してよい。インタビュー回答者の数が少ないので、世代間の差異や日本との関係性が人と食品のつながりにどう影響するのか断定するつもりはないが、一般論としていえることはいくつかあるように思える。第1に、表5—2を見ると、伝統的な日本料理や日本的な料理を作るのに欠かせない食材や加工品が多い。たとえば、T氏は自分と夫のために日本料理をよく作るので、薄切り肉や魚介類を買う。豚肉もサバも米国の食料品店で買えるが、切り身の形状や大きさが異なっている。日本のスーパーマーケットで売られている肉は薄切り肉があり、そのため、日本の伝統的な肉料理、たとえば、肉じゃが、肉と野菜のいため

もの、すき焼きなどが簡単に調理できるし、豚カツも豚カツ用に切り分けられたものがあるので調理しやすいとのことであった。魚の切り身は、そのまま焼けば日本の焼き魚の1品になる。小さな違いであるが、そうした小さな差異が重要な意味をもつのであり、Tが子供のころ日本で味わった料理をそのまま再現するには、そうした細かな点が重要であることがわかる。

同様にE氏は日本のあるパン製品に強いこだわりを示した。それは日本でよく食べていたパンを思い出させるからだ。

> パンにはこだわりがあって、日本のトーストが大好きです。朝はここ米国でも日本のパンしか食べません。それくらいこだわりがあるんです。(中略)この『チェリー・ブロッサム』は厚切りトースト用のパンで、パンの質は日本で食べるのとまったく同じです。山崎パン(日本で有名なパンの銘柄)をご存知ですか。それに似てるんです。

Eも日本でよく食べていた食品に強い郷愁、懐かしさを感じている。**表5—3**は、インタビュー回答者が日系マーケットをどう思っているかを示したもので、日本の商品に対する思いはいろいろだが、郷愁や安心感を挙げた者が多い。商品サイズも日本との親近感につながる要素の一つである。日本の商品サイズは米国より小さく、「個人向き」になっている。

表5—3 インタビュー回答者は日系マーケットの食品をどう思っているか(言及回数)

回答者	食品について				抱く感情		
	商品サイズがよい	高い	品質がよい	宣伝がよい	懐かしさを感じる	誇らしく思う	安心できる
T			1		1		1
S	1	1				1	1
E	1		1	2	1		
C							1
J		1			1		1
計	2	2	2	2	3	2	4

(出典:筆者作成)

回答者のほぼ全員が少なくとも一つの日本商品について同じような感じ方をしており、実際、そうした商品が彼・彼女たちを日本文化や日本人アイデンティティにつなげているようである。新日系移住者の場合、日本商品とのつながりや記憶を断ち切ろうとしていないということは、日本人としてのアイデンティティを捨てていないということの証左でもある。さらに、エスニック・コミュニティの空間、サービス、商品が得られることで、新日系移住者は米国に住んでいても日本を感じ続けることができる。Eは次のように語っている。

　　もうずいぶん、そうですね。11年以上も日本に帰っていませんが、Aに行けば日本文化を感じられるので、さびしいとは思いません。ホームシックになっていませんよ。日本から遠く離れていても、メディアやテレビ、インターネットで日本文化にアクセスできます。日本の食品を食べたり、日系の店に行ったりして、ここロサンゼルスで日本文化に触れていますし、ごく身近に日本文化を感じることができます。

　Aマーケットと日系コミュニティは物理的にも非物理的にも「日本的な空間」であり、Eに日本とのつながりを感じさせる役割を果たしているが、Eは日本の伝統的な彫像を収集するなど、エスニックな関心を他の分野でも強めており、新年の干支の彫刻も話題にした。たとえば毎年、干支の彫刻作品を集めて自分の家に飾っている。Eは彫刻に関心があるというものの、日本にいるころ、彫刻に関心を寄せることはなかった。ホームシックにならなかったのは、ロサンゼルスにいても、日本から離れていても、日本文化に容易に浸れたからだという。
　T氏も教員であるが、日系マーケットがもつ「日本的特徴」の度合いの違いについて興味深い指摘をしている。TはAとB、Cを比べて次のように語った。

　　私の見るところ、日系スーパーのBとCは非日系人や日系アメリカ人

の顧客をターゲットにしています。(中略)それに対しAは日本から届いたばかりの商品、文字どおり昨日届いたばかりの商品を売っています。そこが違うと思います。Aの肉や魚のほうが新鮮で、私のような新日系人の嗜好に合っていると思います。

さらにTは、自分のような新日系移住者にはAのほうが違和感がないという。こうした感じ方からして、Tは日本としっかりつながっており、そうしたつながりは、Tが日系マーケットや日本商品を選ぶことにもよる。私が教える大学院生のS氏も、なぜ新日系移住者が日系マーケットで買い物するのかについて、「日本のなかで上層階層に属する人たちは、日本人であることに大きな誇りをもっているように思います。(中略)私の観察によれば、彼らは『メイド・イン・ジャパン』にこだわり、それをいかに誇らしく思っていることか」と語っている。日系マーケットで販売される商品の多くは米国のマーケットの商品より高いが、多くの新日系移住者は日本商品を誇らしく思い、それらに文化的郷愁を強く感じている。注目すべきことに、日本特有のものでない果物や野菜がインタビューで話題になることはほとんどなく、そうした果物や野菜は日本の文化や記憶とつながるものではなく、米国の食料品店で買われている。言葉を換えれば、こうした商品については米国の店か日系の店かというこだわりはほとんどないのだろう。

3. エスニック・アイデンティティの形成

成人になってから渡米してきた新日系移民にとって、日本との関係は、米国で生まれ育った者や子供の時に米国に移住した者とはまったく違うことが調査を通じて判明した。新日系移民の場合、エスニック・マーケットとの関係はおおむね、母国の文化や生活様式と象徴的につながっている。若い世代にとっては、エスニック・マーケットはエスニック・アイデンティティを保持するというより形成する役割を果たしている。その意味でエスニック・マーケットは、エスニック商品を買い、エスニック商品について知る場所だという狭義の解釈を超えて教育的役割を果たしているとも見てとれる。日系マー

ケットはスーパーマーケットであり、したがって最も重要な役割は日本商品を買いに来る人たちに対応することだという一般論は容易に成り立つ。しかし、インタビュー回答者の話を個々に分析し、また、時間をかけて参与観察をし、フィールドノートをとった結果、日系マーケットは新日系コミュニティにとって教育的役割をも果たしていることに思い当たったのである。

　米国で日本人の母親に育てられたS氏の話は、日系マーケットで扱われる食品にエスニックな意味づけがあることをはっきり物語っていた。Sは話題にした日本商品をすべて日本語で言えた。米国で育ち、日本には1年も住んでいないが、流暢に日本語を話した。母親は東京からニューヨーク州の小さな町に移ったそうだ。そこには日系コミュニティはなく、ほかに日本人はいなかった。その娘が日本文化に関心を持ち、日本語を流暢に話せることが筆者には驚きだった。Sは次のように話している。

　　母親が日本の食材を買うことができた唯一の場所は、中国人が経営するアジアマーケットでした。日本の食材をいくつか売っていて、母が日本料理を作るのになくてはならない場所でした。そこは私にとって、日本の食材を買ったり、日本料理を作ったりして日本文化について学べる場所でもあったと思います。

　このアジアマーケットに行くには、Sの家から車で1時間以上かかった。Sの場合、日本文化を知る過程で食べ物が大きな位置を占めており、母親と日本の食材を買いに行き、一緒に料理を作って食べるという特異な経験をしたことで日本文化に触れ、日本語を話せるようになった。他のインタビュー回答者は日本で育ち、大人になってから渡米した人たちであり、Sの視点は彼らとはかなり異なっている。ともあれ、日系マーケットなど、日系コミュニティの諸施設が日系人に対して果たす役割は、世代や移住の背景によって異なることをSの経験は示している。

　筆者はAマーケットでフィールド観察をしている間、日系の子連れの母親をよく見かけた。親子の会話はたいてい日本語で、子供が、「これ食べた

い」とか「ママ、これ買って」と言って、特定の日本商品をねだっていた。筆者は成人を相手にインタビューしていたので、そうした光景はとても新鮮に思えた。筆者はある母親に声をかけた。彼女は5歳の娘に日本語で何か諭していた。新一世の母親とその子供の会話から、この日系マーケットは第二世代にとっても重要な役割を果たしていると実感した。フィールド観察中にこうした場面を何度も目にした。一方の親は日本人で、他方は日本人でなくても、その子供たちは日本語を話すことができた。Sへのインタビューから察するに、Aマーケットの商品は文化的アイデンティティや文化的伝統を子供に伝える手段になりうる。たとえば、エスニックな食材を買い、それを調理して子供に食べさせることで、親は食べ物、言語、その他の文化的指標について知っていることを子供に伝えることができる。さらにエスニック・マーケットは、米国にいても「日本的なるもの」を大事にするよう親にも子にも促す空間になっている。

4．文化意識の形成

　日系マーケットで扱う商品はほぼすべてが日本商品であるが、非日系人も利用している。非日系のJ氏は次のように言う。

> 日系人だけじゃなく中国人や他アジア系の客もたくさんいます。日系マーケットには若い世代より高齢の日系人のほうがよく来るように思います。日本が好きな人たちは日本の食べ物を知っていて、気に入ったものだけを買います。ぼくは今日、ラーメンを食べるつもりですが、それはラーメンがうまいからです。日本のドラマやアニメが好まれる理由も同じでしょう。彼らはここに来て、日本のアニメやポップカルチャーについて話すんです。ほんとですよ。ともあれ、Aにはそういう人たちも来るんです。日系人だけじゃないです。

　Jは、日系マーケットの役割を非日系人についても考える意味があると指摘しており、とても興味深いコメントである。Jが言うように、そうした顧

客の多くはテレビやポップカルチャー、日本料理店をとおしていくつかの商品や食べ物を知り、好きになった。そうであれば、エスニック・マーケットは、日本の文化や情報を非日系社会に伝えるうえで重要な役割を果たしているのではないだろうか。筆者がインタビューした新日系移民のうち2人は米国人と結婚しており、配偶者と連れだってよくＡに買い物に来て、夫婦で日本の食べ物を楽しんでいる。フィールド観察の期間にも、人種やエスニシティを異にするカップルが何組も買い物に来ていた。日本と直接的な関係はなくとも、日系マーケットがあることで間接的に日本を知ることも可能であるといえるだろう。

5　考察とまとめ

　グローバル化が人々の日常生活に影響しており、ロサンゼルスの新日系コミュニティはトランスナショナルな観点から考察することができる。日系新移住者はトランスナショナルな行為主体として複数の国を移動するが、日本人としてのアイデンティティはしっかり保持している。こうした現象は日系マーケットのなかでも見られた。旧日系移民は教育やコミュニティをとおして、日本人としてのアイデンティティを保とうとしたが、母国とのつながりを保持しようにも物理的な制約に阻まれた。それに対し、新日系移民は今日のグローバル化した環境で暮らしており、アイデンティティの保持ははるかに容易である。さらに言えば、新日系移住者の相当数は実際には移民でない。多くは企業から一時的に海外に派遣された駐在員である。こうしたきわめてトランスナショナルな「新一世」の場合、日本の言語、文化、伝統を保持し、それらを子供に伝えたいという思いが強い。とはいえ、多くの新日系移住者のトランスナショナルなライフスタイルにどのような長所と短所があるのか、まだよくわかっていない。概して言えば、それは一つひとつの事例に大きく依拠するであろうし、日本に戻る予定であるのか、あるいは実際に日本に戻るのかどうかによっても異なってくることは自明である。

　日系マーケットがより広範なコミュニティに対しても意味ある存在である

のにはいくつか理由があり、今回の調査結果の分析からして、単にエスニック商品を販売するだけの場所ではない。日系マーケットはコミュニティのなかで、エスニックな象徴的役割と文化的・教育的役割の両方を果たしている。Aマーケットは日系移住者の文化的アイデンティティ、伝統、言語にとって重要な役割を果たしている。新移住者や渡航者にとってAマーケットは、米国のなかで日本人を快く迎えてくれる場所であり、Aマーケットは、外国である米国にいてもトランスナショナルな日本人アイデンティティや日本的な生活様式を保持することに寄与しているともみなすことができる。米国で育てられる子供については、日系マーケットなど日本的な場所に出かけ、そこで販売されている商品を使って料理をしたりすることが、子供自身のエスニック・アイデンティティの形成に重要な役割を果たすことも実証されている。子供は親のエスニック・アイデンティティをモデルに自分のアイデンティティを形成することも大きいであろう。

　同時に、非日系人も日系マーケットに行くことで日本文化への理解を深められるのであれば、日系人以外の受け止め方も考察する価値があることも付け加えたい。

注

1　本書では新日系移民という用語を基本的に用いているが、ここでは一時的滞在者も多く含まれることから新日系移住者という用語を用いる場合もある。

第6章　日本語学校での参与観察

本章のねらい　本章では、日本語学校での参与観察に焦点を当て、日本語学校に通う新一世の親を持つ児童・生徒と日本語学習の状況そして日本文化との関係を詳細に見ていく。方法としては、著者が教師助手を行い、またフィールドワークのサイトにしたA日本語学院での教室での子供の日本語習得に関する関心や状況を親の背景に焦点を当てて記述している。A日本語学院での参与観察を通じて、新二世の子供の家庭背景は児童・生徒の日本語の習熟度につながる変数であること、新日系移民の親は実に多種多様で、状況によって子供に用いる教育ストラテジーと教育的理解が異なり、これらのストラテジーは、変化が激しいトランスナショナルなライフスタイルというコンテクストで形成されていることが知見として得られた。

はじめに

　前章までは、現代の日系移民コミュニティを様々な角度から検討し、米国に住む異なるタイプの新日系移民の分類からコミュニティの意味を探った。日系スーパーマーケットは、新一世の人々が頻繁に訪れ、支えているエスニック施設の例として取り上げた。新一世の親の教育ストラテジーに焦点を移すため、新一世家族に対してより限定した範囲で詳細な分析を行う。分析対象者のカテゴリー分類は、前章で採用した新日系移民コミュニティの分類に従い、基本的には永住者と一時的滞在者との二分法に立脚するが、永住者の中には国際結婚家族も含まれている。

本章は日本語学校での参与観察に焦点を当て、日本語学校に通う新一世の親を持つ児童・生徒と日本語学習の状況そして日本文化との関係を詳細にみていくことにする。児童・生徒への公式のインタビューの詳細については、年齢あるいは UCLA での倫理審査による制限[1]から本章では提示しない。

1 日本語学校の概要

1．A日本協会とA日本語学院

　ソーテルの近隣に日本人移民が登場した歴史とともに、A 日本協会はコミュニティにおいて早くから創立された。ウェスト・ロサンゼルスにおける長くかつ蓄積の多い日系人移民史のように、この協会と協会が運営する日本語学校もコミュニティの変化とともに姿を変えてきた。A 日本協会は 1925 年に創設され、1929 年に非営利組織として組織され、日系移民コミュニティ・センターとしての役割を果たし、芸人によるショーや、講演会、歌唱、映画などの興行も催していた (Fujimoto, 2007)。旧日系人移民が、こうしたコミュニティ・センターに集い、母国日本の文化を楽しみながら、日本文化を保持させるための機能を果たしていたといえよう。また、A 協会が運営する A 日本語学院に子女を通わせることで、二世の日本語教育および日本文化の継承も行うなどの役割も果たしてきたといえるだろう。南カリフォルニア、ロサンゼルスにおいては旧日系移民に関するコミュニティ・センター等施設が集中していた場所は、「リトル・トーキョー」として呼称されている地域の方が数も知名度も高かったが、ウェスト・ロサンゼルスのソーテル地域にもこのような施設が長く機能してきたことを忘れてはならない。

　A 日本協会は、現在でも日系移民コミュニティ・センターとしての機能を果たしている。日本語学校以外に、柔道、空手、剣道のクラブを運営し、シニアプログラムや、現地の日系アメリカ人市民連合 (Japanese American Citizens' League, JACL) の支援も行っている。この施設の主な二つの役割は、日本語を教えることと日本文化を伝えることにある。したがって、A 日本協会が運営している A 日本語学院が日本語を教えるという機能を担っている。A 日本

語学院は、現在は土曜日のみの日本語学校である。A日本語学院は日本文化を伝える役割と日本語を教えることが主な役割であり、日本の学校カリキュラムを提供し、日本に帰国後の学習への円滑な移行を目的とする「補習校」とは異なり、日本語を継承するための機能を果たしている学校であると位置付けられる。1920年代のA日本協会が運営しているA日本語学校の生徒は、平日の毎日一時間か、土曜日に六時間のクラスを履修していたとのことである。

　当時の教育目標は、二世の日本語と日本文化の両方の習得を目指すことに置かれていた。この目標から見ても現在のA日本語学院の教育目標には大きな変化は見られない。移民にとっての母語の継承、ここではそうした母語の継承を継承語教育あるいはヘリテージ・ランゲージ教育[2]と呼称するが、時代の変化および時代の流れに伴い、その方法は差異があったとしても目標とするところは同様であるとみても良いのではないだろうか。ただし、旧日系移民の時代においては、日系人の他人種間での結婚は法律上禁じられていたこともあり[3]、継承語は親が日本人であることから、日本語という単一言語に限定されていたといえよう。しかし、今日の継承語は、A日本語学院に通う児童・生徒が後述するように国際結婚家庭出身者が多いことから、父と母の両方の母語という複数語であることも多く、継承語教育も複雑化しているともいえるだろう。2009年には、幼稚園児から高校生までの幅広い年齢層の140人が学んでいた[4]。

２．A日本語学院での教師助手の意味

　このA日本語学院で筆者は2012年度から2014年度までの２年間、ボランティア教師助手として10歳から13歳の年齢層から成る24人で構成されたクラスでの授業の運営、カリキュラムや教材の作成を手伝った。日本語学校に対する先行研究のなかで、施設に直接アクセスし、質的調査を行うのが、克服しなければならないもっとも困難な障壁であると指摘したものもある。この研究では新一世の子女世代である新二世の日本語の習得や日本文化との関係も対象とするため、この場所で働くことは筆者にとって最も理想的

な環境であるといえる。ここでの勤務により、日本と関わりを持つ多種多様な人々との交流だけでなく、新二世の参与観察、あるいは教員との交流を通じて様々な知見を得ることもできると考えた。この日本語学校で働くことを通じて、日本語学校の文化を知ること、教師と児童・生徒に溶け込むことで、より内部からの参与観察およびインタビューを行うなどの貴重な機会を同時に得られた。

　筆者が担当したクラスは、10歳から13歳までの年齢層の子を対象としていたが、大多数は片一方の親が新一世であることが多いものの、幅広いエスニック背景を持っていた。全体的に見渡すと、日本語力と日本文化に対する興味、関心および知識においてもかなりの差があった。

　この学校は、一時的滞在者の子女が日本への帰国後の教育への適応を主たる目的として設立された補習校とは異なることから、一時的滞在者の子女は基本的に在学していない。つまり、新二世の児童・生徒が集中するA日本語学院は、新一世の親とここで日本語教育を経験する子供たちとの「やり取り」を観察する絶好の場であるともいえる。筆者も休み時間や放課後あるいはハロウィンや体育祭など学校行事の機会に、児童・生徒だけでなく親ともフランクな交流を行うことが可能であった。

　児童・生徒同士の付き合いや会話を観察する機会も多く、児童・生徒たちが受けている日本語教育に対しての思いや自分のアイデンティティについても児童・生徒自身の意見を聞くこともできた。子供に対する日本語教育の目的や意味について、新一世の親との会話やインタビューを通じて、なぜこの学校で子供に日本語を学ばせたのかについての洞察をすることもできた。また、現代のグローバル化が、どのように日本と米国の間に行き来する家庭の教育に影響を与えているのかを概念化するうえで、新一世の親との出会いは大変有益なものであった。第7章で親とのインタビュー内容については詳細に提示するが、グローバル化という現象が極めて旧日系移民の時代と新日系移民との母国との関係や日本語・日本文化との関係性に変容をもたらしているかを認識させられたといえるだろう。前章では、日系スーパーマーケットという日本関係施設がもたらす文化保持の意味についての分析を提示したが、

日系スーパーの研究を行う際、土曜日の日本語学校が終わってすぐ、同じ足で スーパーに来てランチを食べる親子を多数見かけた。こうした観察からは、日本語学校での研究は親の教育ストラテジーと教育的理解を示すことに密接しているが、教育に対する理解、日本語の語学力を維持させる方法の決定のみならず、日本文化を象徴するあるいは日本食文化を保持することを通じての文化とアイデンティティも子女のアイデンティティ形成にとって看過できない側面であることも認識させられた。その意味で、「リトル・オーサカ」に位置するA日本語学院のジャパン・タウンでの存在は大きいといえよう。

2　日本語学校での参与観察

1．教育カリキュラムを通じての観察

　本節では、筆者が教師助手を行い、またフィールドワークのサイトにしたA日本語学院での教室での子供の日本語習得に関する関心や状況を親の背景に焦点を当てて記述する。教師助手の役目は、児童・生徒の宿題、試験問題、作文などをチェックするほか、毎週土曜日に四、五時間をかけて、子供たちに日本語による基本的な読み書きを指導する補助をする。具体的には、児童・生徒に声を出して文章を読ませたり、単語や文を読み上げ子供たちに繰り返させたり、あるいは作文の練習をさせたりすることが内容であった。クラスの後、子供たちを迎えに来た親に話を聞くことができ、また教師同士での話し合いにも参加した。児童・生徒たちの親とのコミュニケーションを通じ、親たちが持つ教育目標や、クラスや教師に対する期待を把握することが可能になった。教師助手である筆者に対する期待は、子供たちの日本語の読み書き能力の向上と、日本の文化や日本語の継承への理解と貢献にあった。

　児童・生徒の家庭背景として、国際結婚家庭からの出身者が多いという特徴があった。

　そうした家庭の児童・生徒はいわゆるハーフ[5]であり、新一世の親は両親のいずれかだけの場合となる。外国人である片方の親は英語を母国語とする米国人もしくは〇〇系米国人であった。それゆえ、米国に恒久的に住み続け

ることが家族としての合意であった。

　A日本語学院では、中学校段階になると、日本語の習得度に応じて「上級クラス」と「基礎クラス」の二つの能力別クラスに分かれる。ヘリテージ・スピーカー（継承語を話す人）が一緒のクラスになることもある。習熟度を見極めるために、毎年9月と学年始めに口頭および筆記による試験を行う。習熟度クラスの存在は、クラスの指導方法、カリキュラム、宿題内容や量にも関係している。親へのメッセージや学習の進捗の報告においてもクラス別で違いが見られる。たとえば、基礎クラスに与える宿題は、ベーシックな練習を中心とし、直近に指導した内容の暗記、単語、書き順、文を構成する方法などに重点が置かれている。一方、上級クラスでは、生徒たちは漢字の読み書きができることが前提とされているため、宿題は上級レベルの語彙を中心に構成され、作文課題も抽象的・記述的な課題が出されることも多くなる。

　学生の家庭背景の違いによってクラス分けが決定される傾向が強いことに気づいた。家庭生活というコンテクストの中で、日本語と日本文化に向き合う関係にあるかどうかに左右される傾向が強いとも言い換えられる。「上級クラス」に所属している生徒は両親が新一世である傾向が強く、「基礎クラス」では国際結婚家庭出身者が多いことが判明した。その理由として、新一世の両親の場合には、母国語の日本語で子供と会話ができること、また宿題など勉強の手助けも可能であることが要因であると考えられた。一方、基礎クラスの生徒の大部分は、親の少なくとも一方が日本人でないこと、日本語が母語でないことを反映して、家庭でのコミュニケーションは英語で行われている。また、日系であったとしても、第四・第五世代の日系アメリカ人のカテゴリーに入るケースもあった。

　こうしたケースでは、日本語を自らの家族のヘリテージとして維持する生徒もいるが、大多数は第四あるいは第五世代の日系アメリカ人である。このグループでは、両方、あるいは片方の親の大部分は時間および語学力での限界があり、子供の宿題を手伝うことが困難であるという現実に直面していた。

　生徒・親との話し合いからも、親たちは子供に完全なバイリンガルになることを期待して、日本語を学ばせているわけではなく、自らのルーツである

文化継承に意識を向け、日本語のある程度の読み書き能力を習得することに重点を置いていることが知見として得られ、こうした家庭の日本語習得と文化継承に対する位置づけが日本語習得という成果に影響を及ぼしていると考えられよう。

2．エクストラ・カリキュラムを通じての観察

　A日本語学院では、放課後に「ホームワーク・クラブ」という学校によるプログラムが設けられており、主に家で宿題を完成させることに困難な生徒の支援を行う制度が構築されている。このプログラムでは、先生たちは子供たちが宿題を完成させる手助けを1時間で行う。上級クラスの生徒と比較すると基礎クラスの大多数の生徒は「ホームワーク・クラブ」に参加している。筆者も担当するクラスの宿題内容や生徒の日本語習熟度レベルを普段から把握していることから、このプログラムでは主に担当クラスの子供の宿題を手伝っていた。「ホームワーク・クラブ」での活動を通じてより多くの生徒たちと交流する機会を得られ、相互理解も進捗することができた。そこで、日本語の習熟度レベルに気を配りつつ、「学校以外でどれくらいの頻度で日本語を勉強するのか」、「日本語にどれほど興味を持っているのか」、「日本語と日本文化の勉強についてどう思うか」などの質問をした。

　三、四ヶ月も経たないうち、担当生徒の大部分の家庭背景を把握することができた。生徒たちをもっと深く知るため、クラスのディスカッションの時間にカジュアルな交流を試みた。休み時間中に話かけてくれる児童・生徒に質問をして、自然に子供たちの考えを聞き出した。休み時間を利用して児童・生徒、たとえば「家で平日にどれくらいの時間をかけて日本語を勉強するのか」、「日本をどういう存在として見ているのか」、「日本語の勉強は楽しいか」等を質問した。毎週土曜日に何時間も一緒に過ごすことで、生徒は筆者に親近感を抱くようになり、こちらから投げかけた質問に対しても積極的に答えてくれた。児童・生徒たちは、日本関連のテーマについての知識を披露してくれることもあり、たとえば日本のアニメのキャラクターを描いて見せたり、日本の番組を見て学んだ知識を話してくれたり、日本の言葉を引用したり、

キャラクターのモノマネをしたり、あるいは日本のポップカルチャーについての知識を披露する場合もあった。また、日本の書籍や漫画など印刷物から学んだ言葉や日本文化を話題として挙げ、筆者に対して、日本文化に対する自分の見方が正しいのか間違っているのか尋ねることもあった。ノンフォーマルな教育で得られた知識の確認や評価を得ようとする姿勢も見せた。生徒たちが教室と宿題の枠から出て、日本語を生活に応用しようとする際に、日本のポップカルチャーが大変重要な役割を果たしているのが確認できたことは新しい発見でもあった。正規の教育課程では、伝統的な日本の行事や文化を学ぶ内容が提供され、歴史、伝統芸能、文化などに重点が置かれ、ポップカルチャーが教育を通じて提供されることは決して多くない。しかし、新二世の子供たちにとって、今や日本の漫画やＴＶ等は「クール・ジャパン」の象徴としてとらえ、ポップカルチャーは自分の日本的エスニック・アイデンティティや、受け継いだ日本のヘリテージというプライドにも関わっていることが把握できたのである。

　生徒が日本の文化やポップカルチャーに関する質問をしてくる際に、どこからその情報を入手したのか、実生活からは距離的にも離れた日本文化に興味を持つことを通じて、自分が居住し、育っている場所でもある米国の文化とどのように比較したのかを知るために、「なぜこうした特定のテーマに興味を持ったのか、米国文化との相違点や類似点はどこにあるのか」といった質問を行った。その答えは様々であるが、あえてまとめると「日本のポップカルチャーはクールだ」「アニメ・キャラクターは米国のものと比べるとかわいらしい」「次から次にいろんなアニメが生み出されて、その内容も深い。すごいと思う」というような憧れやカッコよさに評価をしている回答が多くみられた。

　日本的アイデンティティと文化が生徒たちの生活のなかで果たした役割や、どれほどの意味を持つのかについての観察結果から、子供の視点と親の視点がかなり異なるということも新しい発見であった。親や日本語学校の教師は、日本語の語学力や知識を、往々として成功するための手段とみなし、子供をバイリンガルに育てることを期待する。多くの新一世の親は、日本語教育を

受けさせるのは、たとえば子供の視野を広げたり、大人になってからのチャンスを増やしたりするなど、将来的に役に立つものだと信じている。しかしながら、子供にとってのアイデンティティ形成は、当事者である子供がどのようにバイカルチャーとバイリンガルのエスニック教育に関わるのかを子供の視点から見つめなおすことも重要ではないかということである。筆者が交流を持った子供たちに関していえば、親たちと極めて違った視点を持っており、親や教育者の立場から勉強を強制するのではなく、子供たちが自ら日本語に関わろうとする動機を醸成することとして、現代のサブカルチャーやポップカルチャーといった要素も組み入れることも考慮する必要があるのではないだろうか。

3．新一世日本人親の背景から

　実際に、児童・生徒の日本語の習熟については、比較的年齢が高くない時期までは家庭背景の影響が結構強いことが判明した。習熟度の高い生徒の大多数は、両親の日本国籍に直接に繋がるという共通した特徴を持っている。すなわち、国際結婚の場合も片一方の親が新一世の場合と両親とも新一世の場合である。つまり、家庭内での使用言語に密接に子供の日本語習得度が関係していることになる。

　反対に、日本人ではない親、あるいは第三世代の日系アメリカ人等日本語がネイティブではない親を持つ児童・生徒は日本語習得にかなり苦労するだけでなく、パフォーマンスも限られてくることが観察結果として得られた。公教育以外の学校である日本語学校でのパフォーマンスは、家庭における日本語との関わり方に大きく影響されているといえるだろう。

　同じ学年であっても、上級クラスと基礎クラスにおける子供の日本語習熟に対して、日本語のネイティブ・スピーカーの親が与える影響を直接把握する場面も多く経験した。それらは、認知能力とは異なる言語に関する実際性とも言い換えられるかもしれない。生徒たちの間でのカジュアルな会話と教室における指導を通して、日本語がネイティブである親を持つ子供は、しばしばそうした日本語とのつながりを会話や行動に直接取り入れることが見ら

れた。たとえば、新二世や日本人とのハーフの児童生徒は、家で習った日本語のフレーズや語彙を使う傾向があり、特定の日本のブランド、キャラクター、そしてカルチャーアイコンについて、友達とのカジュアルな会話に織り交ぜて話すことが多かった。特徴的なのは、彼・彼女たちと話す際に、よく「私は日本人だから」「日本にいる家族や友達が、これは日本で流行っていると教えてくれた」などのことを口にしたことである。しかし彼・彼女たちと異なって日本に近いつながりを持っていない他の生徒は、彼・彼女たちと同じ背景を持つ子供が話す内容についていけなかった。日本語とある事象とが抽象的なレベルのままで推移しているが、日本語がネィティブ・スピーカーである親の子供は、それを具体的なこととして認識し、かつ文化として内面化しやすい環境に置かれているということであろう。

また、放課後「ホームワーク・クラブ」で児童・生徒たちの宿題を見たり話したりする際に観察したことだが、日本語の語学力や時間の不足を理由に手助けできない親を持つ子供は、他の子供たちよりもっと大きな困難に直面するのが明らかであった。

3　日本語学校での参与観察結果のまとめ

A日本語学院での参与観察を通じて、新二世の子供の家庭背景は児童・生徒の日本語の習熟度につながる変数であると思われる。親のいずれかあるいは両親ともに流暢な日本語を使用できる場合、あるいは日本語が母語である場合には、子供たちの日本文化とのつながりや、日本語の習熟度、そしてエスニック・アイデンティティの形成に強い影響を与えるといえよう。一人でも日本語ができる親がいることで、宿題の手助けを通じての日本語の理解の深まり、あるいは興味・関心の広がり、また毎日の日本語の使用は、直接言葉の流暢性に上積みされることになる。

児童・生徒の新二世としてのアイデンティティは、両親や同じ新二世の仲間たちとのふれあいで影響されることもかなり強いといえよう。こうした側面では、日本語学校でのエスニックを土台とするつながりや共通性は、日系

アメリカ人の四世や五世であっても共有される。それらが、さらなる日本語への興味・関心の深まり、あるいはエスニック・アイデンティティの醸成にも前向きに機能すると考えられる。

　Ａ日本語学院の日本文化についての授業では伝統的な日本の行事、風物、事象等に焦点を置いており、教材もそうした内容から構成されている。日本関連のテーマに関する知識を披露する機会では、子供たちは「日本のアニメのキャラクターを描く」、「日本の番組を見て学んだ知識を語る」、「キャラクターのモノマネをする」、「日本のポップカルチャーについての知識を披露する」、「WEB上の情報、YouTubeや日本の漫画など印刷物から学んだ言葉や日本文化のポイントを話題に持ち出し、日本文化に対する自分の見方について語る」といった事が多かった。子供たちが語る漫画やキャラクターに関する内容は、日本での話題とほぼ時差がなく、グローバル化による情報ネットワークの影響が大きいと推察された。

　児童・生徒たちが教室という枠を超えて、日本語を生活に応用しようとする際に、日本のポップカルチャーが重要な役割を果たしていることについても確認できた。新二世である子供たちにとって、ポップカルチャーは自らのエスニック・アイデンティティや継承している日本文化としてのプライドにも関わっている。新一世の親が子供に日本語教育を受けさせる目的として、子供の視野を広げたり、日本語を学ぶことが結果的に高等教育への進学に有利になる、また成人後に職業選択の機会が増加するというように将来役に立つからと答えているのに対し、現代の新二世の子供たちにとっては、日本のポップカルチャーがエスニック・アイデンティティの形成にも関わっているなど、異なる視点から日本文化を評価していることを把握出来た。

　最後に新日系移民の親は実に多種多様で、状況によって子供に用いる教育ストラテジーと教育的理解が異なり、これらのストラテジーは、変化が激しいトランスナショナルなライフスタイルというコンテクストで形成されている。日系スーパーと日本語学校の両者に共通した関わりが存在するのは明らかである。新一世の親は、米国に住みながら、両者を自らのアイデンティティを折衝し、そして文化的な帰属感を得る場所であるかのように捉えていると

推察される。こうした視点からインタビューした内容を次章で記述する。

注

1 UCLA内には「人を対象とする研究」をする際に事前に審査を受けるInstitutional Review Boardがある。聞き取り調査や質問紙調査を行う場合には、かならずこの委員会での審査を受ける必要がある。研究実施後にも報告をすることも義務づけられている。本研究を実施する際に日本語学校での参与観察をすることを報告し、審査を受けたが、参与観察結果の公表については基準をクリアしたものの、インタビューの正式実施および公表については児童・生徒の年齢から公表については控えるようにという審査結果であった。そのため、本章では児童・生徒のインタビュー内容については掲載していない。
2 継承語は親から受け継いだ言語であり、母語であったとしても第二の母語とみなされることも多い。国際結婚家庭では、父親の母語と母親の母語という複数の継承語を持つ場合もあり、本研究でもそうしたケースは複数見られた。
3 カリフォルニアでは、1850年に白人と非白人間の結婚を禁止する「異人種間結婚禁止法」が成立されている。1900年から制定された一連の反日州法においても、日本人の日本人以外との結婚が禁止されている。
4 2015年に行ったA協会の担当者への聞き取りによる回答である。一時的滞在者である駐在員の子女はほぼ在籍していないとのことであった。
5 国際結婚により出生した子供を「ハーフ」もしくは「ダブル」と呼称する場合があるが、本書では「ハーフ」を使用する。その理由としては調査対象者である新一世の親が日本語学校に通う児童・生徒の親が自分たちの子供を「ハーフ」と呼んでいたため、その用語を使用する。

第 7 章 「新一世」親の子供への教育ストラテジー

本章のねらい　本章では、「新一世」親世代および大学生以上の比較的年齢の高い「新二世」世代への直接インタビューを通して前章までに検証されてきた内容をより具体的な内容として検証している。新一世親の教育ストラテジーは、子供の年齢によって変容している。それらは、日本語教育が現地校との兼ね合いで高学年になるほど時間的にも確保が難しく、内容も高度化することで両立が難しくなることによる自然の流れとしての変容であるといえる。一方で、母親たちのネットワークが、日本語教育の効果や子供の日本的アイデンティティ保持のための支援として作用すること、そしてそれらを可能にしているのが新日系コミュニティでもあることが知見として得られた。

はじめに

　グローバル化とトランスナショナリズム理論が新日系移民コミュニティに果たした役割については、先行研究の検討、第 5 章での参与観察を通じて日系施設が新日系移民にもたらす意味についての知見、そして日系コミュニティに位置する日本語学校での参与観察を通じて検証してきた。本章では、「新一世」親を通して子供世代のアイデンティティの形成・維持と教育課程を検討し、親の教育ストラテジーとの関連性、さらには日系コミュニティにおける親のネットワークと教育との関係、グローバル化とトランスナショナリズム理論との関係性を分析する。

本章でもインタビューを基本とする質的調査法を採用し、「新一世」親が米国に滞在している際の法的地位[1]、自身と日本とのつながりの状況、そして子供への日本語教育や進学を含めた教育全体についての考え方と実際の行動、さらにはより具体的に、どのように米国で生活し、米国文化への適応状況あるいは逆に日系コミュニティとのつながりの深化状況についての調査を行う。

　これまでの一連の調査によって、日米間の物理的距離に関係なく、新一世が現在過ごしているグローバル化の進んだ環境においては、日本の文化、情報および社会的ネットワークへの便利なアクセスを可能にしたことが確認されている。グローバル化とトランスナショナリズムは、旧日系移民の時代とは比較できないほど、新日系移民が容易に母国に諸側面においてのアクセスを可能にしたことが知見として得られている。

　本章では、「新一世」親世代および大学生以上の比較的年齢の高い「新二世」世代への直接インタビューをとおして上記の課題そして前章までに検証されてきた内容をより具体的な内容として検証することが目的である。

1　インタビュー調査対象者と質問内容の概要

　マクロな視点に立つと、米国に住む新日系移民は、同質性が高いグループとしてまとめられ、一般化され単純にされがちである。先行研究では、アダチ (2006) は、以下のように新日系移民を説明している。

> 　日本から来た新日系移民の多くは実は移民として渡米してきたのではなく、日本への帰国を計画していた一時的滞在者である。日本における仕事から離れて、さらなるステップアップを望んだ人もいれば、勉学、異文化経験、違う人々との出会い、国際ビジネスに関わる面白い仕事を探すなどの積極的な動機で出国した人もいる (19)。

　新日系移民は、多種多様な理由で渡米した人の集まりである。それぞれの

アイデンティティ、目的、そしてライフスタイルの差異は、日系スーパーに対するエスノグラフィ研究でも示されているが、日本語学校での同僚の教師、親、生徒との付き合いにもそうした差異は現れている。移民のカテゴリーに入る人もいれば、一時的滞在者もいる。また、この二つのいずれにも属さない状況に身を置く人もいる。そういう意味で、米国に住む新日系移民は、自分たちが属する新日系移民としてのカテゴリーに対しては敏感であることからも、慎重に取り扱う必要がある。

　新日系移民コミュニティに関する情報や当該コミュニティに帰属する個人のストーリーを獲得する方法は多種多様だが、インタビューは、子供たちの教育の方向性を決定づける新一世に、直接視線を注ぐ手法である。このプロジェクトを始めた当初、すべてのインタビュー対象者を平等に扱うつもりだったが、子供の日本語教育に関しては、家族の構成や米国に滞在している背景が影響を与えるうえで、大変重要な要素であることが判明したことから、最終的にインタビュー対象者は、国際結婚グループ、企業の一時的滞在者グループ、元企業の一時的滞在者であったが永住者に転換したグループという三つのグループカテゴリーに基づいて実施した。

　2年間の間に、合計25人以上を対象に聞き取り調査を行った[2]。対象者の内訳は、新一世の親、一時的滞在者である親、日本語学校教師、成人した大学生以上の新二世である。範囲はインタビューを受けた対象者の紹介やネットワークを駆使して拡大した。それぞれ違うグループに属する対象者である。インタビューは一対一、あるいはグループ方式で行われ、インタビュー時間は様々である。短いものは1時間程度、長いものは2時間に及ぶ。

　新一世の親のインタビュー対象者は結果として大半は母親が対象者となった。その理由としては、(1) 国際結婚の場合、大半のカップルは日本人妻と日本人以外の夫で構成されているからである。(2) 両方とも新一世のカップルは、父親は仕事で都合がつかない場合が多い。このような家庭は、母親が専業主婦のケースが多く、子供に日本語を教える主要な役目を担う場合が一般的であった。

　直接、新一世の親の学歴や年収等はIRB[3]からの指導により聞くことはで

きなかったが、大多数は高等教育を受け、米国でも中層階層に属するグループであることがインタビュー調査から間接的に得られている[4]。

インタビュー調査は、対象者が自然に自らの子育て経験や日本語学校経験を話してもらえる環境を意識し、カフェ、レストラン、筆者が勤務した日本語学校で行われた。各人には聞き取りを1時間から長い場合には2時間弱行い、テープに記録した。手始めにそれぞれの経験を述べてもらい、それをいかに子供の日本語教育に反映したのか、将来の計画について聞く。このような手順は、自分の考えや経験が教育における意思決定のプロセスについて聞けるとともに、新一世であることに対する理解やアイデンティティも伺えることにつながる。

新一世の親への質問内容は、5分野16項目である。1．家族構成と米国に来た理由、2．日本への見方、3．米国での子育ての際に二文化との交差状況と子供のアイデンティティ、4．日本語学校の種類と日本語習得、日本の教育との関連、5．日本や日本人とのネットワーク関係に分類できる。新一世以外の親への質問も基本的には同様の内容から構成されている。

これらの核となる質問は、インタビュー対象者との対話の出発点となる。このような質問設定は、話の冒頭に話題の方向性を決め、新一世の米国における経験、アイデンティティ、そして子供に対する教育ストラテジーなどをめぐる話題へと自然につながることを意図した。新一世の中でも様々なケースがあるので、続いて投げかける質問は、それぞれの対象者のケースに合わせて臨機応変に調整し、あえて前もって設定した質問をしない場合もあった。そうすることによって、インタビュー対象者は気兼ねなく自分の考えを話すことができるようにと企図したからである。第2節以降、新一世の親の回答を示すが、新一世の親は世代別に分けると二つのタイプに分かれたことから、質問内容はそのタイプに応じて微妙に変えることが求められた。第一のグループは現在子育てをしている新一世の親であり、第二のグループは、子供がすでに成人した親であった。このプロジェクトの予備研究の段階で、ロサンゼルスで何組か新一世の親に会ったが、子供の年齢によって、親が子供に対する教育ストラテジーは大きく異なる視点を持っていることを発見した。

したがって、まず大前提の違いを分別するために、それぞれ異なる二つのセットの質問を用意する必要があった。インタビュー質問および質的調査法に関する詳しい説明は、付録Ⅰを参照されたい。

新二世には4分野15項目の質問から構成され、1．親の日本語習得への意識、2．日本語習得と日本の教育との関連、3．アイデンティティ、4．日本文化と日本という国との関連性に分類できる[5]。

協力的に細部にわたるストーリーや説明を提供してくれる者もいれば、聞き取り時間も短めに切り上げる対象者もいる。対象者が自分の考えや意見を話す際、シンプルで短い回答もあれば、内容が豊富で、テーマが広がる回答もある。各対象者との聞き取りの本質は、会話中に言及されたテーマに大きく左右される。対象者が細かく説明するテーマに細心の注意を払うように心がけた。対象者の記憶に最も鮮明に残った重要なエピソードと考えたからだが、結果として内容を解釈する際に豊かな意味をもたらしてくれた。新一世の経験で最も重要な面を提示することが目的でもあることから、したがって、以下に本研究が提示する発見は、このようなバイアスで取捨選択されることもある。幅広いインタビュー対象者が含まれ、それぞれの経験の一コマが作り上げた集合的ライフヒストリーは、対象者一人ひとりのケースに対する洞察につながることである。

表7―1には本書で紹介している内容を提供してくれた対象者の情報[6]を

表7―1　聞き取り対象者の内訳例[7]

聞き取り対象者の背景					
回答者名	年齢	性別	子どもの有無	ステータス	職業
A	50代	女	息子2人	新一世　国際結婚	専業主婦
M	50代	女	娘2人	新一世　国際結婚	パートタイムにも従事
B	50代	女	息子2人	一時的滞在者から永住者に変更	専業主婦
S	40代	女	娘1人	新一世	パートタイムにも従事
D	40代	女	息子2人	新一世　国際結婚	パートタイムにも従事

(出典：筆者作成)

まとめている。

2 新一世親のインタビュー調査から

1．国際結婚家庭のケース

　日本語学校の参与観察でも先述したように、新二世の子供たちから見ると、両親が国際結婚であるケースが顕著であった。このような場合、片方の親は新一世で、もう一方はネイティブの日本人ではないことがほとんどである。実際に、ソーテル・ジャパンタウンのコミュニティでは、国際結婚のケースが数多く観察される。このコミュニティでは片方の親が日本人である家族連れや、ハーフの子供が日本人親とショッピングする光景を見かけた。またハーフの子供が親に日本語で話しかけることもしばしば見られた。

　このようなケースに相当する対象者8人にインタビューを行い、調査を通じて、国際結婚家庭の親はどう子供を教育し、また家庭内の教育の方向性や教育をめぐる力関係はどのように作用するのかを検討材料とした。インタビューは、ネイティブの日本人親を対象に実施した。インタビューの使用言語は日本語が望ましいため、非ネイティブの配偶者は同席しなかった。結果として、8組のインタビューを行ったなか、7人は新一世の日本人母親で、新一世の父親は一人しかいなかった。インタビューデータの大半は非日本人配偶者と結婚した新一世日本人母親の視点で成り立ち、こうして、新一世がアメリカにおいてハーフの子供のために採用した教育ストラテジーが、データにより説明される。

　(1) 新一世の母親としてのアイデンティティ

　インタビュー対象者のA氏は日本生まれで、30年以上カリフォルニア州に住んでいる。夫が研究者として日本へ訪れた際に二人は出会った。結婚して米国に渡り、2人の息子を育てた。筆者がカリフォルニア留学中に長男の方に出会ったが、正確で流暢な日本語を話す。彼に紹介してもらい母親であるAへのインタビューを実施した。世代的にはAは子育て終了世代に属する。

Aへの一回目のインタビューは、2011年にUCLAのキャンパスで行われ、約1時間半続いた。息子の方の意見を聞くこともインタビューの目的だったので、合流してからさらに1時間続いた。ロングインタビューの後、Aは複数の国際結婚家庭にカテゴリーに分類される日本人母親の知り合いを紹介してくれた。

　Aは、両親ともが新一世である場合の子育てと、一方の親だけが日本人の場合の子育てには差異があることを指摘した。特に日本語を子供に教える上で「どのような障壁が存在しているのか」、「同じような新一世の親からどのような支援を受けたか」、「利用出来るネットワークや補習校の選択肢にどのようなものがあるか」等について語ってくれた。

　国際結婚した新一世の母親に対するインタビューは、米国における彼女たちの位置付けと自分自身と子供のアイデンティティの保持や形成に果たした役割を浮彫にした。大半のインタビュー対象者の国際結婚家庭の新一世の母親は、共通した一連の困難に直面したことが共通点でもあった。すなわち、米国での生活に溶け込むことが前提としてあることに加えて、自身が子供時代から育った場所でない外国で子供を育てなければならないということである。Aを含めた新一世の母親たちは米国に溶け込む難しさを感じる一方でさらに日本人としての文化ヘリテージを保持することといった二つの側面を両立させなければならないことの難しさを指摘していた。新一世の親は、自分自身が有する二重のアイデンティティを、子供たちに継承させることは自然なことであるように思われた。また、新一世の親は、子供のアイデンティティ形成に重要な役割を担うことが期待されてもいた。

　いずれの母親も、育児に対する自分の意見、考え、そしてストラテジーを、日本と米国というバイカルチャーの環境の中で形成させている。対象者A氏をインタビューした時点では、2人の息子ともすでに大学を卒業していた。息子二人が成人し、子育てが一段落したAは、「日本語と英語との両方の宿題を見てあげないといけないような苦労を二度と味わいたくない」と強調した。彼女は、米国で2人の息子を育てる経験を、次のように話している。

主人と出会って結婚して米国に渡った。自分の両親は孫とコミュニケーションを取るのを楽しみにしていたので、自分の子供に日本語を教えなくてはならない義務感に駆り立てられた。主人は日本語を話せないので、上の息子に一生懸命日本語を教え、日本語で会話して、毎年夏には日本の学校での一時体験に行かせ、毎週土曜日に日本語学校へ連れて行った。上の子は勉強が好きなので、特に苦ではなかったけれど、下の子に対する日本語教育は難しかった。兄にずっと日本語を教えているのを見て、その大変さを見て自分には向いていないと思って、それで日本語を勉強する情熱を感じなくなったかもしれない。その意味では、わたくしも責任を感じている。

彼女は30年以上もアメリカで生活したが、日系アメリカ人ではなく、未だに自分は日本人だと思っていると語っていた。その理由については、次のようなエピソードを語ってくれた。「昔、北カリフォルニアに住んでいた頃、近所に日系人の家庭があって、その家に招待された。わたくしは、日本から来た日本人で今もこれからも米国に住んでいると自己紹介した、『今はもう日系アメリカ人です』と言った瞬間、私を招いた日系人はこう言った。『あなたは日系人ではありません。第二次大戦中の、日系人に対する差別を経験したことのないからです。あなたは、戦後に来た世代の一人ですから、それは完全に違う時代なので、あなたは米国に住んでいる日系人とは違う日本人です』」。これを聞いてから、Aは日系人とは異なる日本から来た日本人であることを認識したという。Aは、自らを新一世と固く位置づけていたが、旧日系移民と新日系移民を明確に区別していることを様々なエピソードを交えて伝えてくれた。さらに、自分と同じように日本から来て、日本語を不自由なく話せる友人と付き合うことのメリットについても語ってくれた。それは、同じように米国に住んでおり、類似した経験や悩みを共有して、気兼ねなくそうしたことを話せる相手だからである。彼女は、日系アメリカ人とも付き合い、米国における日本人の移民史についても高等教育を通じて学んだ人であるが、「日本で生まれ、育ち、しかし現在米国で暮している」ことを認識し、

かつ強調した独自のアイデンティティを形成しているように見受けられた。

　M氏やD氏も語る言葉は違うが、日本人であることを強く意識していること、日系アメリカ人とは異なっていること、また現在では日本の情報や流行の商品やＴＶ番組をほとんど時差なく入手することができることから、日本との距離を物理的にはともかく感じることは少ないことを指摘した。こうした心理的に感じる日本との近い距離感覚があること、また第一世代の新日系移民として、米国に移り住んでから、自らのアイデンティティを自覚するようになったという重要なポイントを彼女たちの言葉は提示しているように思われる。彼女たちの言葉を借りれば、「日本にいた頃には日本人としてのアイデンティティについて自問する必要はなかった。米国が、日本人としての自覚を芽生えさせた」ということであった。

　インタビュー対象者の集合的意見を検討すると新一世の母親たちは米国と日本のそれぞれの文化的アイデンティティを完全に統合させることではなく、別々のアイデンティティを維持して、コンテクストの必要に応じて両者を切り替えて使い分けていることに気づいた。もっとも、二つのアイデンティティは固定化されたということではなく、両者の間には重なる部分が存在していることから、現在暮らしている米国文化により親和的に調整している部分も見られる。彼女たちが二つの別々のアイデンティティを維持していることは失念してはならない知見であるといえるだろう。

(2) 他の新一世の母親とのつながりによるアイデア共有

　米国で息子たちを育てるにあたり、A氏は子供に宿題を教えることや、学校の準備などでいくつかの困難に直面したことがある。英語という言葉は乗り越えるべき障壁のひとつとしてA、M、B、Sたち多くの新一世の母親が指摘したことであった。Aのケースでは、日本で育ち教育を受けたため、子供たちが学校で出会う様々な状況に慣れてない場合があり、日本文化以外のセッティングにも精通していない。そのため、教師や米国人の親との関係性、学校との連絡等にどのように対処すべきかわからないことも当初は多くあったという。このような困難に対応するための一つの方法は、他の新一世の母

親に相談することであった。自分より早く米国に来ていた他の国際結婚家庭の新一世の母親と知り合い、わからないこと、疑問に思うことを尋ねて教えてもらった。そうした付き合いが、毎週の会合へと転じ、そこで顔を合わせるメンバーは、息子の日本語学校や現地校で知り合った、近所に住んでいる新一世の母親たちである。同じような背景と境遇を持つ他の新一世の親との付き合いは、子供たちへの教育とストラテジーを話し合う重要な場であるとインタビュー対象者の全員が指摘した。インタビュー対象者である母親たちは、米国の日常生活で起きたことへの対応や、子育てに関する情報交換の重要性である。A氏やS氏によると、新一世の母親たちの間で一番重要で話題に上ったテーマは、「どうしたら米国育ちの子供に日本語を教え続けられるのか」であった。

　Aは子供への日本語教育に関して、親同士で話題になった課題を以下のように整理してくれた。

①子供に日本語を教えるために、理想的な教科書やビデオ、あるいは他にいい方法があるのか。
②日本語と英語のバイリンガルを重視し、子供にとって望ましい学校はどこなのか。
③配偶者が日本人ではない場合、配偶者からどれほどのサポートを受けているのか。受けるべきなのか。
④子供自身は日本文化の継承をどう評価しているのだろうか。ハーフや両親とも新一世の子供は、新二世としてどのようなアイデンティティを持っているのか。
⑤親と子供は、現地校と土曜日の日本語学校のカリキュラムの両方にどのように対応しているのか。

　筆者が勤務した継承語教育としての機能を持つ日本語学校では、新一世の親が日本語で情報交換をする光景はよく見られるが、上記の日本語の教育に関する課題と類似した内容はよく親同士でも話題としてあげており、学校教育や日本語教育に関する情報やアイデアを共有しているように見受けられた。

(3) 日本語教育の具体的ストラテジー

インタビュー対象者の新一世の母親の大半は、米国生まれの子供に日本語を教えるために、様々な方法を駆使したと話している。たとえば日本の教育テレビ番組を見せることや、日本語の本の読み聞かせなどを実践したと語っていた。ロサンゼルスにおける日本人移民コミュニティのカルチャーイベントに参加し、子供たちに日本の文化的伝承により親しませるのも重要な方法であったとも述べている。具体的な日本語教育ストラテジーは子供の年齢と学校教育の年次によって変わるので、筆者は以下の三つカテゴリーに分けて説明する。就学前、小学校と中学、高校と大学である。

就学前教育ストラテジー

非日本人の夫と結婚した新一世の母親へのインタビューを通して明らかになったように、日本語を教えるのは子供の語学力のためだけでなく、エスニック・アイデンティティ、誇り、そして日本人としての自覚を創造して維持させる手段でもある。以下の2人のインタビュー対象者の意見と教育的理解、ビジョン、そしてストラテジーは、子供が就学前の年齢ですでに固められたことを示している。特に非日本人の夫と結婚した新一世の母親は、乳児の時から持続的に意識して日本語で話しかけている。A氏は以下のように説明する。

> 子育てを済ませた日本人母親から、とにかく子供が乳児の時からできるだけ多くの日本語で話しかけることが大切だと進められた。英語は、家の外で自然に覚えるので、早い段階から日本語の環境に身を置き、たくさんの日本語を聞くのがいいと、非日本人と結婚した新一世の母親が教えてくれた。米国人でもあるのだから、英語を使用することは子供にとって必要だが、日本語の勉強をする雰囲気は環境としてはない。私が子供たちに日本語を使わなかったら、どうやって日本語を勉強することができるだろうか。現実的には、母親が米国で子供に日本語を話しかけられ

る唯一の存在。息子に日本語を教えられるのは私だけなので、彼が小さい頃から今に至るまで日本語でしか話しかけないと強く決意した。ただ、夫は日本語がわからないので、彼の前ではあまり日本語を話さない。

また、Aは日本の祖父母とのコミュニケーションについても以下のように語った。

息子を日本語が話せるように育て、日本にいる祖父母とコミュニケーションできるようにする任務を負っていると感じた。息子に日本語を勉強させたのは、夫と結婚して米国に移り住む時に、父が静かに語った次の一言『孫とはなかなか会えないから、日本語でコミュニケーションを取りたい』が動機になった。父も母も孫に頻繁に会うわけには行かず、寂しい思いをすることに思い当たった。もしそれを言われなかったら、ここまでの決心をして、息子に日本語と日本文化を教え込まなかったと思う。日本人以外の男性との結婚により、両親を日本に残して最終的に米国に移住したから、日本語を教えるのは自分の責任と任務であると痛感した。

新一世のインタビュー対象者は、自分の子供に日本語を教え込み、日本にいる祖父母とコミュニケーションを取らせ、日本人としてのアイデンティティを育て、日本文化を継承させることに責任を感じるとの指摘は他の対象者からも受けた。A氏にとって日本語を教えるのは選択肢の一つではなく、むしろ義務であり責任であって、日本にいる彼女の両親への答えだと感じたという。彼女は子供に、通訳なしで日本にいる祖父母と日本語で話せるように強く求めたがそれだけではなかったとも付け加えている。

最終的に気づいたけれど、長男に日本語を教えたり、日本語で話しかけたりするのは、両親の期待に応えるためだけではない。私にとって米国での生活はとても寂しく、最初の頃は、友達もあまりいなくて、子供は

私にとってのすべてだった。私が自由に駆使できる言語で子供とコミュニケーションをしたかったのだと思う。

日本語を教える動機の要素の一つとして、教える側が日本語を熟知していることもある。新一世の母親の大半は、米国での生活と文化に溶け込むのに苦労をした。したがって、言語を選択する際に、自由に駆使できる日本語を優先とすることは自然なことであり、子供とどうコミュニケーションを取るかの決定にも、この要素が入り込んでいるともいえるだろう。

私が子供に日本語を教えなければ、もしかすると彼に日本語を学んだり、日本文化に身を置いたりするチャンスは、二度とやってこないかもしれない。だから、私には選択する権利がない。日本語を教えることと、乳児の時からずっと日本語で話しかけることを続けるしかない。

新二世の教育に対するもう一つ言及されるべき支援の形は、日本での近親者とのつながりである。新一世のインタビュー対象者は、日本にいる両親からのサポートは必要不可欠だったとよく強調している。A氏とM氏の二人とも日本にいる両親から、孫の日本語学習に一役を買おうと、児童書、音楽、ビデオなどを頻繁に送ってくれたことに言及した。このようなリソースを通じ、新一世の母親は日本とよくつながった環境を子供に提供することが可能となった。さらに、母親が行う日本語教育は、理解はもとより、言語と文化とをセットにして行われていることを看過してはならない。図書、ビデオ、唱歌などのメディアを見たり聞いたりすることで、子供は日本文化に対する親しみの感情を持つようになる。新一世の親は、日本語を学習する強固な基礎を作り上げ、子供たちがさらに高いレベルで受ける日本語教育にも影響をもたらしているといえるのではないだろうか。新一世の母親は、就学前が日本語習得時期として最も効率のいい段階だと考え、子供が就学の年齢に達する以前から日本語の基礎に比重を置いていたといえるだろう。

小学校と中学校の教育ストラテジー

　国際結婚した新一世の母親は、家庭内で、唯一の日本語と日本文化の指導者という役割を引き受けることになる。日本にいる家族から間接的に有益なサポートを受けている場合もあるが、夫は日本語が話せないので、日本語教育に対して力になれない。子供が小学校や中学に就学する年齢に達すると、インタビューを受けた対象者全員が子供を日本語学校[8]に通わせることを選択した。日本語学校は、子供にとって日本語を学んだり、日本のヘリテージを持つ他の子供と触れ合ったりする重要な場所だけでなく、新一世の親にとっても他の日本人親と出会ったり、親同士で子供の教育について話し合うだけでなく、リソースをシェアしたりする意味でも極めて重要な役割を担っている。就学前年齢と比べて、日本語学校に通う子供は、平日に通う現地校の宿題や、スポーツなどカリキュラム外活動の負担を強いられる場合もあり、時間管理の面で大変な思いをすることになる。親はよくこの悩みを日本語学校の先生に相談し、加重負担となる活動から子供の負担をうまく配分しようと試みたり、日本語の勉強を続けさせるか、それともメインとなる現地校での教育を優先して専念させるかについて話し合ったりした。また、新一世の親同士でこの問題については、頻繁に話題にして課題や悩みを共有したりもしている。

　この日本語教育と現地校での教育の両立あるいはどちらかを優先するという判断が迫られる小学校高学年と中学校段階は日本語教育における大きな分岐点になる。学校の教科書や日本の背景を持つ友達など、日本語を勉強する正式な学校教育システムから一旦離れてしまうと、残された学習手段は、家庭内で新一世の親や両親から教わるという方法に限られることになる。この年齢層に相当する新二世は自分自身のエスニックおよび文化的アイデンティティやプライドを形成し、米国で生まれ育ったアメリカ人として自らを位置づけるのか、あるいは日本的ヘリテージに強力な紐帯を維持し続けるのかを選択しなければならないことにもなる場合が多くなる。

2．新一世の父親としてのアイデンティティ

　新一世の国際結婚の場合、大多数は日本人の母が非日本人の夫と結婚するケースだが、米国に 35 年以上住み、非日本人の妻と結婚した I 氏にインタビューすることができた。I は最初は海外に多くの支社を持つ日本企業の一時的滞在者として、米国支店での勤務のため、米国に駐在した。駐在員として一時的に米国に滞在するつもりであったが、時間が経ち、米国人女性と結婚して、米国での永住を決意するに至り、カリフォルニアに住み続けることになった。新一世の親における少数派の男親として、彼のケースは重要な相違点を示唆している。インタビュー対象者の新一世の母親たちと違い、フルタイムで働くかたわら、子供への日本語教育を実施しようとした I の語りは、日本語教育に対する違う視点を与えてくれた。

　I は息子 1 人と娘 1 人を育てる際に、自分が注意を払ったことに対して、いくつか比較視点を示した。同じ国際結婚とはいえジェンダーの違いがあること、母親と父親が米国育ちの子供に日本語を勉強させる重要性についての見方等における視点の違いである。45 分間にわたるインタビュー時間中に、I は以下のような旨の発言を数回繰り返している。

> 　今まで大部分の時間は仕事に費やしたし、妻は日本人ではなく、日本語も話せないので、子供に日本語を教えることは想像以上に難しかった。毎週土曜日に日本語学校に行かせて、せめてこの子たちと同じ日本にゆかりがある子供と親しくなれたらと思ったが、周りの日本人母親と比べ時間や子供の教育面を管理するのは難しいと感じた。当時一緒になった子供の大半は日本人と非日本人のハーフだが、大部分は母親が日本人だった。私のような非日本人の妻と結婚した日本人父親は少数派で、他の日本から来た日本人親と交流する時間も十分に取れなかった。どうしたら子供をバイリンガルに育てられるか、どうすれば日本の文化に興味を持ってくれるか、日本人の子孫である自覚をどう持たせるかなど、意見を交換したり話し合ったりすることがあまりできなかった。

他の日本人母親と比較しながら、子供の教育に使う時間といった量における差異を提示したのであった。今回の新一世の母親の中にはパートタイムで働いている人はいたが、フルタイムで働いている人は存在せず、大多数の対象者は結果として専業主婦という位置付けであった。したがって、そうした雇用状況とジェンダーが複雑に交差した結果として時間の制限は最も顕著な差異として浮上したことになる。
　筆者自身が日本語学校で教師助手として働いた際にも、国際結婚のケースにおける子供の日本語の習得状況の差異は、どの親が新一世であるかによるところが大きいことは観察結果として得られている。日本人の母親を持つ子供は、日本人の父親を持つ子供よりも日本語や日本文化に馴染み深い傾向がある。新一世の母親のコメントにも表れているように非正式な日本語教育を施すために大量の時間と努力が費やされたのに対し、父親は仕事の制約で同じような時間を提供することには無理がある。母親、父親というジェンダーによる違いというよりは、ジェンダーと複雑に絡み合った雇用状況からもたらされる子供と過ごす時間という要素である。換言すれば、日本人の親と過ごす時間の長さは、子供たちが将来日本語への興味や上達の度合いを決める鍵ともいえるのではないだろうか。
　今回の対象者であった新一世の母親たちには、新二世である子供に非正式な教育を施したり、日本語の宿題や勉強を手助けしたりする強い決意とそこに加えて時間があった。国際結婚した7人の新一世の母親たちがともにインタビューで強調したのだが、夫は仕事やプライベートの用事で極端に忙しく側にいないので、日本語学校と米国の現地校の教育サポート、計画、そしてビジョンなどはすべて母親たちが自分で決めたという。国際結婚のケースで、唯一の男親であるインタビュー対象者I氏は、自分が見てきた新一世の専業主婦ほど子供に時間を投資できなかったことに失望を隠さなかった。

　　平日は仕事で家にいなくて、子供たちとコミュニケーションを取ったり、日本語を教えたりする時間はなく、土曜日の日本語学校の宿題も見てあげられなかった。あなたがインタビューした相手の大部分は、子供と一

緒にいてあげられた日本人母親ではないかと思うが、どうだろう。

　インタビュー対象者の証言から、国際結婚の場合、子供への日本語教育に対する決定権や支援は、新一世の親に委ねられているということが判明した。子供に充実した日本語と日本文化を教えることは並大抵ではなく、多大な努力と時間を費やす必要があり、また新一世の親の計画やストラテジーも不可欠である。両親とも新一世の家庭は、2人とも日本語教育を提供するプロセスに貢献するだけの日本語というスキルがあるので、そうでない家庭より計画やストラテジーを立てやすく、また目標も達成するうえで壁は低いともいえよう。

3．日本企業の一時的滞在者のケース

　ロサンゼルス地域を例に日本人海外移住者を検証する際に、日本企業の仕事関連で渡米する人々をよく目にする。たとえば、この地域にあるトーランス市に米国支社の本部を置く日本の大企業が多い。ホンダ、トヨタ、全日空の他に、ミツワスーパーマーケットチェーンも含まれる。日本企業が国際化する流れは1950年代より始まり、南カリフォルニアは日本企業の国際化市場が拡大する際の主要なポイントであった（Yasuike, 2005）。企業進出を支えた核心的戦略は、日本と米国支社をつなげるキーマンとなるべく日本人従業員を米国に派遣して、一時的に滞在して仕事してもらうことである。このような従業員は日本人なので、本社からの指示を受け取り、実行するための仲介者になれる上、日本語と日本の文化、商慣習などにも理解がある。一時的滞在を前提に海外支社で働くため、中堅レベル以上の社員を派遣することが多くなる。グッドマン等（2003）は、この現象を以下のように説明する。

　　製造業、のちに金融サービス分野における日本企業の成長は、海外移住の動きを促す主要原因である。海外から労働者を日本国内に呼び込み働いてもらうのではなく、外国で工場を設立し、日本人社員を現地に派遣して管理運営にあたらせた。日本の現地生産拠点を始め、合弁事業、第

三次及び第四次産業活動の発展は、顕著な一時的滞在者の波を打ち立てる必要性を生み出した。技術者、中間管理層、取締役などが送り込まれ、現地の採用活動や労働者の訓練を行った。このような管理職グループを支えるための事務職スタッフも必要であった(8)。

　日本人駐在員[9]は一時的滞在を前提に海外に送られる。数年後、日本の所属会社に戻るのが一般的である。ところが、このような海外要員に、事前に海外での仕事経験や言語スキルが備わっていることを、必要条件としないことも多い。グッドマン等 (2003) は、現在の海外移住パターンは「環境バブル」を作り出し、従業員を疑似日本コミュニティの中に囲って、外部から隔離していると説明した。バブルは、日本人一時的滞在者のニーズに応じて形成され、まるで日本の延長線上で働いている環境を作り出す。このようなコミュニティのインフラに、どんなものがあるかというと、たとえば会社が支援した住宅や主催するイベント、駐在員子供のための学校支援、そして日本人の社会的ネットワークなどがある。日本人滞在者は、一時的滞在者である駐在員が帰国しても、常に次の要員が送り込まれるローテーションが米国と日本の間にできているので、新しく移り住む人々のためのコミュニティはそのままの姿で維持され、家族連れのための日本語学校、塾、マーケットそして同じような立場の他の日本人滞在者家族と交流する機会も設けられている。

　多くの先行研究は、物理的に遠く日本から離れていても新日系移民は日本のアイデンティティと文化を維持する傾向があると指摘している (Goodman et al., 2003)。彼らの社会関係や生活様式は、日本でのそうした関係や様式と同様のものが構築され、保たれている。

　本研究は、ロサンゼルス地域を対象に行ったものだが、ウェスト・ロサンゼルスの「リトル・オーサカ」という日系移民コミュニティや、ロサンゼルスの東側に位置する「リトル・トーキョー」は、このようなコミュニティに相当する。このロサンゼルスのような大都会以外で日本人移住者がより規模が小さい、あるいはコミュニティ自体が存在しない状況に身を置くこともありうることを失念してはならない。このことは、すでに中国系移民や韓国系

移民あるいはその他の移民の研究において指摘されているが、米国におけるより規模の小さな地域に新たな移民コミュニティができる過程とも重なり、グローバル化からもたらされた現象であると見て取れる。この場合のバブル・コミュニティは、日本の国際化戦略と現代のグローバル化にもたらされた国際ビジネスの増加という二つの現象の指標ともいえるかもしれない。

4．日本企業一時的滞在者家族のアイデンティティ

対象者B氏は現在は新一世として自己を認識しているが、もともとは企業の駐在員として派遣された夫とともに米国南部に5歳、3歳の二人の息子と共に移り住んだ。

Bのケースでは、日本語をある程度覚えた幼児と日本語をそれほど認識していない年齢の兄弟を連れての米国への移り住んだケースである。長男の方は、日本を離れた当時は5歳だったので、日本語をある程度理解できて、自分のヘリテージを十分に自覚しており、その後も弟と比べて容易に日本語の語学力を維持できた一方、次男は日本の文化への順応および日本語を維持しようとする際に問題や困難を直面したという。次男が日本語で苦労したことに対してBは責任に感じていると語った。Bは渡米当初、息子たちが英語の習得や学校生活を含めた米国生活に適応するうえで子供の手助けを行いつつも、日本に帰国する可能性にも備えなくてはならないと感じ、大きな不安を抱えていた。米国での生活が何年続くかが分からなかったことから、家族の将来が米国に軸を置くのか、日本への帰国となるのかが不明な状況の中で、果たして自分を移民なのか移住者なのかという位置付けがうまくできなかったという。Bに限らず一時的滞在者にかつて分類できた多くのインタビュー対象者は、同じような不確かさに直面し、自らの地位は移民なのか移住者なのかを決めかねた経験を持っていると語り、結局多くの対象者は、単純に自分を米国に長く住んでいる日本人だと位置づけることで折り合いをつけたと説明をしてくれた。永住するケースの場合もそのような位置付けを示した。B氏はこうした位置付けについて、次のように語った。

結局、長い米国での生活を振り返って、主人の仕事関係で移り住む前の期待とまるで違った。最終的には、ここに落ち着いてしまった。最初の頃、主人の会社から米国への派遣は永久的ではなく、一時的なものだと聞いたため、子供たちに日本語を維持させ、日本へ帰国する際の備えをしなくてはとはっきりと決めていた。最初、米国での滞在は一時的なものだというのが明らかだったので、いつかは日本へ帰国すると思っていた。それが最初に言われた計画だった。

さらに彼女は語った。

　しかし、米国生活が長くなるのにつれて、夫は徐々に米国での仕事環境に慣れて、日本に帰るよりも米国にずっと居続けた方がいいかもしれないと打ち明けてきた。特にすっかり米国に馴染でいく子供は、日本語より英語の方を流暢に話し、友達もできて楽しんでいる様子を見て、二人とも米国に滞在し続けることは子供にも夫にもより良い選択であると思うようになった。しかし、元々の計画より長く米国に住み続けることに対して、私自身はどうかというと、とても難しくて答えが出ない。米国生活に適応して社会に溶け込むために大変な苦労をしたし、今でも苦労は絶えない。たとえば、日本にいる両親や家族に会いたいのもあるけれど、何よりもやはり英語を喋ることが最大の不安。今でもとても難しい。子供二人に日本語で話しかけ、日本語学校の宿題も手伝ってあげたが、返事の多くは英語だった。これまでの努力が全て水の泡だと感じることもあるし、何より、最初の計画通りに子供たちに日本語と日本人としてのアイデンティティを維持させることができなかったのが心残りだ。

　このように、Bの家族は日本企業の一時的滞在者として渡米したので、二人の子供に日本語を教えなくてはならないことは分かっていても、状況に流されて明確な教育計画やストラテジーを立てることがあまりできなかった。そのことを振り返り、彼女は、「米国での子育ては、間違いなく大変なもの

だった。色々なものに不慣れで、習慣や文化とか。とても寂しい思いをした…」と振り返るのであった。

　Bのケースは、国際結婚と企業の一時的滞在者の相違点を提示している。自分たち家族の将来について比較的計画を立てやすい新一世家族は、米国で住みながらも、継承語としての意味を持つ日本語教育を子供に実践すると決めるが、自ら設定した目標以上の達成されるべき日本語の語学力レベルはそれほど意味があるというわけではない。

　一方、一時的滞在者の場合には、日本への帰国に備えて、日本の学校教育に適応できるだけの日本語力を子供に身につけさせなければならないという困難な課題に直面する。Bが言及したように、米国に滞在し続けると決心させた理由の一つに、子供たちの上達した英語のスキルとその反対に失われていく日本語力という現実の問題があった。さらに、渡米した際に日本語の習得が未熟であった年齢の次男への日本語教育を円滑にできなかったことへの失望感が大きいと説明している。

　また、Bのケースは企業の一時的滞在者の家族内での米国文化との距離感の差異の存在という現実を提示している。すなわち、日本への帰国が前提であるものの、時が過ぎるにつれて日本への帰国の現実性が薄れていくことが起こりうる。日本人のバブル・コミュニティが周辺に存在している場合、最終的に日本へ帰ると仮定し、米国社会へ溶け込むことを控える傾向が見られ、しばしば米国での生活を円滑にするためのスキルの取得に支障をもたらすこともある。Bによると、夫と子供たちが米国での仕事や学校生活に自信を見出し、そこの環境で問題なく円滑に暮らせるようになる一方、彼女はそうではなく、取り残されていく気持ちになったという。家族全員で米国に定住すると決めた際に、Bを大いに悩ませたのは、こうした彼女自身と他の家族との米国社会への溶け込みの差であったとのことであった。

　ジョウ (Zhou, 1997) は、移民の社会学に関連する理論研究では、同化理論はかつては主導的な地位を占めていたが、近年の研究では、ホスト社会への同化はその社会での地位上昇や流動性に反映しているのかどうかについて疑問を呈している。現在のグローバル化と国境を超えたつながりによってトラ

ンスナショナルな移住者の実際は、移民の移動における既成の解釈を再考するきっかけを提供している。企業等の一時的滞在者から新一世へと社会的地位を変更した人々は、個人レベルでの国際的つながりを保持することを通じて、移住先の国に存在する日系コミュニティなどのエスニック・バブルの中に生活するおかげで、ホスト社会への同化や適応することさえ控えることが可能である。

3 ロサンゼルスにおける新一世ネットワーク

1. グループ形成による相互支援ネットワーク

　第5章では、ウェスト・ロサンゼルスに立地するソーテル地域を取り上げ、現在の日系移民コミュニティを観察することで、どのような人々がここに集まり、誰が日系スーパーで買い物をして、そして日系マーケットが新日系移民と日本に関わりを持つ人にどのような役割を果たしたのかを検証した。本節では、新日系移民コミュニティが個人レベルでどう機能するのか、そして、そこでの対人関係の本質に焦点を置いたインタビュー調査の内容を示す。これらの要素は、新一世の経験と日本語学校教育に関係しているからである。

　ウェスト・ロサンゼルスのソーテルの近隣にある日系スーパーは、コミュニティの施設として、エスニック的、文化的、あるいはヘリテージを持っているなど日本とゆかりのある様々なタイプの人に一定の役割を果たしている。米国に一時滞在するにせよ、永住するにせよ、どちらであるかが未定であるにせよ、すべての人々が日本とつながりを持てる場として日系スーパーを位置づけている。このように日系コミュニティにある施設は一定の役割を持っていることは明らかであり、そうした施設が集積する日系コミュニティは人々のアイデンティティとも何らかの関連性を持っていると推察できよう。

　日本人としてのアイデンティティを維持するか、米国に住みながら日本的アイデンティティを保持するか、あるいは日本と米国の両方の文化を取り入れ、ハイブリッドでミックスしたアイデンティティを作り出すか。新日系移民は、どのように日本の文化とアイデンティティをトランスナショナルに維

持したのかを知るうえで、日系コミュニティはどのような役割を持っているのだろうか。

　新一世の母親たちにインタビューを行った際に、新日系移民コミュニティにおける社会的ネットワークについて尋ねてみた。本節では、新日系コミュニティにおける新一世の母親のネットワーク、そしてネットワークを通していかに情報を獲得するかの過程と特徴を検討し、コミュニティはどのようにトランスナショナリズムとの関連性があるのかを明らかにする。

　以下ではインタビューで集めた個人並びにグループの声を紹介し、新一世はコミュニティのどの部分について特に関心を抱いたのかを説明する。インタビューした対象者は大多数が母親たちであったことから、本結果には彼女たちの声が顕著に反映されている。

　エスニック・コミュニティに関連した先行研究においては、コミュニティが移住者に、特に女性にとって大変重要な役割を果たしていることが指摘されている。自分自身と家族が移住先ホスト国、ホスト社会への適応あるいは順応するうえで、コミュニティがとりわけ女性に有益な知識を提供するからである（Nukaga, 2008a）。ヌカガ（Nukaga, 2008a）は、以下のように指摘している。

　　日本人駐在員の妻たちは、自らのために同じエスニックのネットワークを形成させ、日本人移民コミュニティ全体を貫き通す重要なインフォメーション・チャンネルを作り上げている。特にロサンゼルスに来て間もない母親たちは、最初の数ヶ月間は右も左もわからない状態なので、特にこのネットワークは不可欠である。子供たちは、いつ宿題を出され、誰に提出すればいいかも分からない。どこで買い物をすれば良いのかも分からない。母親が言うには、移住国の社会を生き抜くために、インフォメーションを獲得するのは必要で、日本人母親のネットワークに助けを求めることができる（149）。

　本節では、このような新一世の母親グループの一つに、インタビューを行い、集約した意見を示す。新一世の母親による社会的ネットワーク構築の概

念と、彼女たちにとってのネットワークの重要性や機能に焦点を当てることにした。インタビュー対象となるこの日本人母親グループを紹介してくれたのは、ロサンゼルスに20年以上暮らしたある母親であった。子供たちが同じ学校に通ったり、一緒のクラブ活動やスポーツに参加したりするので、グループのメンバーは互いのことをよく知っている。このグループと同様に筆者がインタビューした多くの新一世の母親は、子供の日本語学校を通したネットワークを構築している。そうしたグループの母親たちはカフェなどで顔を合わせ、子供が日本語学校で学んでいる間に話に花を咲かせる。電話や電子メールでやり取りの続きをする人もいれば、子供の日本語学校で一緒になった時だけ会えば十分の人もいる。しかし、日本人母親同士によるこうした集まりは、会う頻度や場所より、おそらくもっと重要なのは顔を合わせた際に話題に上ったテーマである。

　新一世の母親たちとの会話や、彼女たちに対する観察を通して、目に見えないヒエラルキー構造が母親の間に存在するとことに気づいた。このようなネットワークは、米国生活への適応や、子育てと教育に関する悩みがある時に助けを求めるため使われるので、こうしたことにアドバイスできる知識や経験を持つメンバーはおのずと尊重される傾向がある。会話の際に、よくこのようなフレーズを耳にする。「こういうケースに関してあの人は私なんかより詳しい。米国滞在が長いし、お子さんを完璧に育て上げた」。

　筆者：皆さんはどういう風に集まり、どう連絡を取りますか。ネットワークを通して、どのような具体的なインフォーメーションを他の日本人母親に求めますか。
　B：基本的に子供の日本語学校で会って話をして、話題は家でどう子供に日本語を教えるか、どうやって子供に日本語の宿題に向き合わせるか、夫は日本人じゃない人は多いけれど、どうやって子供が日本語を話すように仕向けるかなど。
　筆者：社会的ネットワークを通じて、他の日本人母親にインフォーメーション求める時、どのような具体的なテーマがあるのかについてどなたか

教えていただけますか。

A：私の場合、主人はほとんど家にいないので、息子とずっと日本語で話しました。

　上の息子は毎週土曜の日本語学校を楽しみにしていて、日本語の勉強や宿題にも積極的だったけれど、二人目の息子は長男ほど熱心ではなかった。日本語に興味があったからかもしれないが、長男は自発的に勉強して宿題もたくさんやった。

　もちろん、母親として手助けして、日本語学校の宿題を見てあげた。宿題はとても難しいので、米国の学校活動、スポーツイベント、友達の誕生日パーティーに参加できない時すらあった。長男が日本語学校に打ち込んで時間を犠牲にしているのを見て、下の子はすっかりやる気をなくしてしまい、日本語の勉強は彼にとってそれほど大事じゃないと思ったのではないか。日本語学校で、国際結婚して米国で子育てする母親たちと話をした。他のみんなも、同じような困難に遭っていないか、それから子供の教育で出会った問題や解決法について聞きたかった。

S：私も同じ。娘一人しかいないけれど、平日の米国の学校の宿題との兼ね合いがあるから、彼女も同じように少しずつ日本語学校に通う興味を失った。夏休みや冬休みによく娘を連れて日本へ帰省して、自分の文化ヘリテージや背景に親しませので、娘は最初の頃、日本語の勉強にとても熱心だった。小さい頃はそれでよかったけれど、成長するにつれ、英語と日本語の力の両方を維持しながら学校の課題をしないといけないという難しさに直面した。少しずつ、日本語の宿題についていく意欲をなくしていった。それでなんどもケンカしたけれど、結局、日本語を勉強し続ける娘のことをかわいそうに思うようになってしまった。自分の文化とヘリテージに興味を持っているのは結構なことだけれど、実際日本語を勉強する意欲となると、また別の問題だと思う。娘にとって、英語と日本語を同時に勉強し、二種類の学校の宿題についていく苦労は大きく、Aさんの二番目のお子さんも同じ

だったに違いない。

　AとSが直面した問題や苦労を聞き、子供が米国と日本の両方の学校課題に向き合う意欲を維持させるのには、日本人母親のサポートは大変重要な役割を果たしているし、そうしたサポートが無いと不可能であるともいえなくもない。
　新一世の母親グループによる特徴の一つは、彼女たちの子供のほぼ全員が既に大学に進学したり、就職したりしていることである。それゆえ、彼女たちの会話はどちらかといえば過去に対する回顧であり、どのように子育てをしたのか、最初にどのような目標を立て、時間が過ぎるとともに目標がどう変化したのかに対する自省である。インタビュー対象者の会話に耳を傾けていると、一番話題に上ったのは、子供に同時に英語と日本語を教える際に母親たちが直面する困難であることに気づいた。対象者AとSの2人は、夫は仕事で子育ての際に側にいないので、同じような辛い思いをもうしたくないと言及している。会話の内容は時折、日本と米国の二つの学校教育で子供を育てる難しさを、独りで立ち向かわなければならない挫折感と問題点に戻ることもあった。特にAは、会話の中で以下のような興味深い指摘をした。

　　今振り返ると、2人の子供を育てるのは長い旅のようなもので、もしいつか孫ができたら、絶対に同じような子育てをしたくない。とてもストレスがかかり、長い間に全力を注いだ苦労な時期だったし、二人の息子もよく頑張った。

　このグループ会話を通して、たとえば買い物、教育、キャリア、そして米国生活の中で言葉で苦労したことなどの話題について話し合われた。自分自身と子供の将来に関わるところで同じテーマの話が繰り返されることもしばしばあった。しかしながら、新一世の母親たちの間で特に話題の中心となるのは、やはり子供をめぐるテーマであった。子供を中心とするネットワークの構築と、ネットワークを通して情報を獲得することは、新一世の母親たち

にとって大変重要な役割を果たし、支援となっている。この役割について、対象者M氏はこう説明している。

> 最初にP市で娘を育てていた時、主人は昼間にはほとんどいなくて、仕事が終わってから家に帰っても、娘の成長をあまり見られなかった。人に聞きたいことはいっぱいあったのに、英語でアメリカ人の母親に聞くのは気まずかったので、日本人母親か、日本語が話せる人を探して、必要な知識、助言、質問に対する答えを得ようとした。

同じグループにいるもう1人の日本人母親E氏も同じ意見を持っており、母親同士が日本語で交流できる短い時間をうまく利用し、積極的に助け合い、互いをサポートしたことを説明した。このようなグループのメンバー同士でよく話し合われたのは、新一世仲間でしか分かり合えないテーマであり、彼女たちの立場や直面している苦労を理解できる人からのアドバイスを求める、そして実際に助けるなど相互の支援が実質化していたように見受けられた。

新一世の母親たちが「永住組」「帰国組」という言葉を口にするのをよく聞いた。前者はアメリカに恒久的に住み続ける永住者のことを指し、後者はいつか日本へ帰国する一時的滞在者のことをいう。新一世の母親たちが自分のことを「永住組」と言っているのが、大変印象深かった。この二つのグループの特徴についてインタビュー対象者S氏による説明を加えることにしたい。

> 他の日本人の母親と話す時、教育に関する様々なアイデアについて、私たちみたいに米国に居続ける母親たちとシェアするために聞こうとした。同じ日本人の母親でも、日本語学校で友達になった人や、P市の日本人コミュニティの近所の人など結構いるけれど、日本へ帰国する人、どれくらい米国に滞在するかまだ決めていない人、それから私みたいに夫が米国人だからずっと米国に住み続ける人の間にはやはり違いを感じる。日本人に会うのは楽しいけれど、日本の会社のために来ている(一時的滞在者の)家族や移住者に会うのは寂しい。ほとんど日本に帰国して

しまったし、家族や子供たちは今どうしてるのだろうかといつも思う。

日本人妻・母親のこうしたネットワークに頼る母親が多く、大半は子供のための情報やリソースを獲得する際に活用している。しかしながら、付き合うのが深くになるにつれ、少しずつ学習と調整といったプロセスを経て自分のネットワーク内のグループを作り出すようになる。たとえば、今述べたアメリカに住み続ける永住者のグループと、日本へ帰国する計画がある人のグループなどである。ヌカガ (2008a) は、以下のように指摘している。

　　年齢が近い子供を持つ母親たちは、正式ではない場で顔を合わせる機会はたくさんある。理由の一つは、子供がどこに行こうとしても、車移動が基本であるロサンゼルスでは、常に母親が同行する。自分で登下校できる日本と違い、学校の送り迎えをしなければならない。日本人母親の場合、平日の送り迎えをするのは父親でなく母親の役目になっている。日本人母親の多くは、これを慌ただしい仕事だと思っているものの、地元のアメリカの学校での送り迎えは毎日繰り返す作業だけに、母親たちにとってカジュアルな会話を交わし、友達を作る絶好のチャンスである (153)。

ヌカガ (2008a) も新一世の母親のこうしたカジュアルなネットワークを目撃し、こう振り返っている。

　　パロスヴェルデスに位置する学校への送り迎えの際に、日本人の子供が集中するところなので、日本人母親たちが廊下や学校の建物の前で立ち話に花を咲かせるのを頻繁に目にする。母親たちは、毎日学校で会っているから、母親同士ですっかり仲良くなったと教えてくれた。何か質問したいことがあったら、学校に来ればアドバイスしてくれる母親は簡単に見つかると、母親の一人が教えてくれた。それに加え、(週末の補習) 日本語学校でも、送迎の時間は母親たちにとって友達を増やせる機会で

ある (154)。

　日本語学校での参与観察を行っている期間に、筆者は日本人親にとって日本語学校[10]の重要性を実感することが多々あった。その理由の一つとしては、日本語学校に子供を通わせることで他の同じような背景を持つ親と出会い、新日系移民や移住者として子供をバイリンガル、バイカルチャーに育てようとする独特な状況に関する情報やリソースについて互いに共有しあうことができるということが挙げられる。

　日本語学校でボランティアとして働く期間中に、新一世の母親たちが主催する複数のイベントに誘われた。このようなイベントの多くはランチやコーヒータイムの集いで、しばしば母親たちの自宅で開催された。こういったイベントに顔を出して観察したのは、日本語学校は新一世の母親が互いを知り合う第一歩としての機能を持っていることであった。すなわち、学校で顔を合わせることが、学校以外に個人的で会ったり、電話だったり、電子メールだったりする付き合いの第一歩としての意味を持つということである。こうしたイベントは大体子供が学校に行っている間に開催されるので、専業主婦の母親たちにとって、母親同士で話し合う絶好の場であり、そこでは子供の教育に関する悩みや計画、生活上の心配事や趣味など個人的な話題に加えて時々ただのゴシップや噂話もすることもあった。日本人母親とのこうした交流を通じて、まさに子育ての最中にある日本人母親にグループや個人でインタビューする多くのチャンスを得た。以下ではその内容を示す。

　インタビュー対象者Ｄ氏は国際結婚家庭の40代半ばの日本人母親で、20年以上米国に暮らしている。子供は2人とも週末の継承語が目的の日本語学校に通っており、彼女が米国での経験や子供の教育に対する考え方、そして母親同士のネットワークについて話が聞けた。

筆者：今日のインタビューで、まずはどうして二人のお子さんを週末の日本語学校に通わせると決めたのかを教えてください。それから、日本人ではないご主人と結婚した新日系移民としての経験や、ご自身のア

イデンティティについてお聞かせください。

D：高校を卒業して間もなく米国に来ました。米国に来るのが昔からの夢だったし、特にカリフォルニアに憧れていました。ロサンゼルスは、常に晴れていて、誰に対してもウェルカムな場所だと思っていた。大阪で育ったのだけれど、ずっと過ごしてきた街を出て、世界を見たいとずっと思っていたので、ロサンゼルスに来ることを決めた。英語があまり得意じゃなかったので、最初の頃はコミュニティ・カレッジに通い、色々な授業を取って、長い時間をかけてカリフォルニアの生活に順応した。英語が下手なりに、様々な人との新しい出会いがあり、とても楽しかった。日本にいた時、言葉の問題もないし、違う文化的背景を持った人も周りにいなかったので、この経験は自分を一回り大きく成長させたと感じた。米国に5年以上暮らして勉強していたら今の夫に出会い、最初はそのつもりはなかったけれど米国に居続けることを決めた。彼は米国人だから、言葉という英語面では助けてくれて、頼りになるけれど、日本語は全くできない。

筆者：お子さんを育てることに関して、ご自身のお考えやご経験を、お聞かせください。

上のお子さんの流暢な日本語と、いつも日本食が好きで日本のテレビ番組を見るのが楽しみだと言っていることに大変感心しています。どのようにお子さんを育てたのか、またお子さんに対してどのような教育的理解をお持ちなのか、よろしければお聞かせ願えますか。

D：もちろん、うちの子は先生のクラスにいるから、いつも日本のテレビ番組を見ているのがお分かりだと思う。しかし、実は彼は英語があまり得意じゃない。

ロサンゼルスに生まれ育ったのに、日本のテレビばかり見て、自分のことを米国人というより日本人だと認識しているようだ。いつも私に日本語で話しかけて、もっと日本のアニメとか、お笑い番組を見せてほしいとねだり、日本語の本を買ってくれということもよくある。私から言われなくても、いつも自主的に日本語を勉強してくれるのは

とても誇りに思うけれど、一方でアメリカの学校の宿題や勉強にそこまで熱心じゃないことを少し心配している。もしかすると、私自身あまり英語が話せないから、いつも日本語でコミュニケーションを取ったり、一緒に日本のテレビ番組を見たりする。そのせいで、アメリカの文化より日本文化の環境に強い影響を受けたかもしれない。

筆者：ご主人は日本人ではなく、日本語が話せないとおっしゃいましたが、ご主人はお子さんのアイデンティティに何か意見をお持ちでしょうか。国際結婚されたカップルとして、ご主人についての考えをお聞かせください。

D：とても面白いことに、私は英語があまり得意じゃないので、二人の子供はいつも私の話を英語に訳してくれたり、一日中どうしていたかを英語でお父さんに教えたりする。夫と二人で話し合って決めることはたくさんあるけれど、教育の計画や方針に関しては私が管理している。おおむね二人は日本と現地校についていけるような感じなので、夫も特にそれについて異論はないようだ。何しろ仕事でとても忙しく、家にあんまりいなくて、子供と一緒に過ごす時間は私の方が長い。話しかける時もテキストメッセージを送る時も全て英語じゃなく日本語で。多分このパターンは、二人が私の日本語に疲れたと感じる時まで続くと思う。少なくとも今のところ、二人は日本的アイデンティティを持ちながら成長していて、私も自分のことを日本人母親だと自認し、日本のアイデンティティを育つ強い影響を与えていくつもりだ。

Dは日本語学校を通じて形成された母親同士のネットワークを通じての交流とそこでの情報やリソースの交換や共有についても話してくれた[11]。同じ背景を持つ親たち、特に母親グループによる交流の場は支えあうネットワークとしての機能が高いこと、現地校での米国人母親との付き合いも子供を通じてもちろんあるが、やはり二言語、二文化の習得や保持を意識する新一世の親同士の付き合いは支えとなっていることを強調していた。また、当初は一時的滞在者である企業関係の母親たちとの付き合いもあるが、年月が

経つにつれて、定住・永住するグループと一時的滞在者グループにそのネットワークも分化していくことについても語ってくれた。

　新一世の母親たちの子育てネットワークの話をまとめると、ネットワークによるグループ内では、米国で子育てする際に英語力不足と文化の隔たりで直面する困難や、米国と日本の学校に関する情報源、子供の教育に対する懸念などの話題が多い。それ以外でも母親たちは、他の日本人親に会う時に会話を通じて様々な情報を提供したりもらったりするが、米国の学校と日本語学校で子供の話にも注意深く耳を傾ける。子供たち自身の毎日の経験や観察は一つの情報源であると位置づけられ、母親同士がお互いにそうした子供の話を情報リソースとして交換したりもする。

4　まとめ

　ここまで見てきたように新一世の親の教育ストラテジーは、子供の年齢によって変容している。それらは、日本語教育が現地校との兼ね合いで高学年になるほど時間的にも確保が難しく、内容も高度化することで両立が難しくなることによる自然の流れとしての変容であるといえる。一方で、母親たちのネットワークが、日本語教育の効果や子供の日本的アイデンティティ保持のための支援として作用すること、そしてそれらを可能としているのが新日系コミュニティでもあることが知見として得られた。

　それでは、こうした新一世となって米国に永住する可能性のある米国に滞在している若者世代や新一世の子供である新二世の日本人としてのアイデンティティはどのように保持されているのだろうか、されていないのだろうか。あるいは形成されているのだろうか。このような視点でミレニアル世代である新一世および新二世に第8章では焦点を当てる。

注

1 法的地位とは、具体的にはビザ上の地位を意味している。たとえば、国際結婚により永住権を取得している場合、なかには国籍を米国籍に変更している場合もある。一時的滞在者の場合には、外交官、研究者、投資家、企業の一時滞在者、あるいは特別な労働上のビザを取得している場合もある。留学生も一時的滞在者のカテゴリーに含まれる。
2 聞き取り調査の対象者は、筆者が教師助手を行っていた日本語学校の親からの紹介で対象者の範囲が拡大した。また UCLA で学ぶ新二世の学生から親の友人や企業を中心とする一時的滞在者へも聞き取り調査の範囲が拡大した。なお、日本語学校での高校生を含む児童・生徒への聞き取り調査は、研究倫理上実施しない方が良いという関係者間での協議の結果、実施しなかった。
3 IRB とは UCLA 内にある「人を対象とする研究」をする際に事前に審査を受ける Institutional Review Board のことである。かならず、聞き取り調査や質問紙調査を行う場合には、この委員会での審査を受ける必要がある。研究実施後にも報告をすることも義務づけられている。
4 聞き取り調査をする際には、聞き取り調査内容を研究公表してよいかどうかの確認を行った上で、「Consent to Participate in Research」という文書にサインをしてもらった。
5 新二世へのインタビュー内容については第 8 章でまとめている。
6 表 7-1 には内訳を提供したくないという対象者もいたため、許諾した新一世・新二世回答者のみを掲載している。一時的滞在者を除いた 17 人が本書全体で扱った新一世の対象者である。
7 実際には 8 人にインタビューを行っているが、表に掲載している人数は 5 人である。これは表への掲載の許諾を得た人のみであることから差が生じている。
8 この日本語学校は、土曜日の補習校と継承語教育としての日本語学校の両方を意味しており、新一世の母親はいずれかの学校を選択していた。
9 海外支社に一時的滞在者として派遣される日本人社員は駐在員と呼称されるのが一般的である。
10 ここでの日本語学校には、継承語教育を主な目的とする日本語学校と日本への帰国後の学校教育への円滑な適応に備えて日本の学校のカリキュラムに沿った教育を提供する補習校の両方が含まれている。
11 D 氏が語った母親同士のネットワークの内容については文字おこしをしたが、公表については控えてほしいとのことだったのでポイントだけを提示している。

第8章　ミレニアル世代に見るアイデンティティ・ポリティックス

本章のねらい　本章では、研究の蓄積が少なく、まだ多くの関心を集めているとはいえない米国のミレニアル世代新一世や新二世に焦点を当てている。ミレニアル世代新一世を正しく考察するために、まず、ミレニアル世代新一世をいくつかのグループに分けてそれぞれの特徴を捉えると同時に、新一世の明確な定義づけを困難にしている多様性に目を向けた。ミレニアル世代である新二世は、日本的アイデンティティを幼児期からの家庭内外での日本語教育を通じて保持していたが、そうではない新二世も多いと推測された。ミレニアル世代も新しい日系人移民集団の中に存在していることから、彼・彼女たちの実態について考察したのが本章である。

はじめに

　本章では、ミレニアル世代の日系新移民に関する文献の空白を埋めようとするものである。ミレニアル世代とは米国で 2000 年代に成人あるいは社会人になる世代のことを意味しており、米国でのベビーブーム世代の第二世代、そして子供時代からインターネットが普及した環境で育ったことにより、デジタルに関心が高く、またそれらの技術を駆使するだけのスキルを備えているという特徴を持つ[1]。ミレニアル世代という用語の意味については後述する。

　本章では、米国、なかでもロサンゼルスに住むミレニアル世代である新日系移民 (1980 〜 2000 年生まれの移民) の特徴と、アメリカ社会への統合のあり

ようをさぐる。ロサンゼルス郡には、研究対象となる新日系移民が多い。日本人の移住先のなかで、日本企業の駐在員として米国に渡り、新一世になったという事例を最も見つけやすいのがロサンゼルスである。南北アメリカへの日本企業の進出は 1960 年代に始まり、米国ではカリフォルニア州南部がその主要な拠点になった (Yasuike, 2005)。ホンダ、トヨタ、全日空など大手日本企業の米国法人がトーランスに設立された。日系スーパー「ミツワ」の本社もトーランスにある。こうしたつながりができたのは、日本企業がこの地域を好んで選択したことを示している。2000 年の国勢調査によれば、トーランスの人口に占める日本人の割合は 9.8％で、出身国別に見ると日本人の割合が最も高い (Mapping L.A., Torrance)。さらに、カリフォルニア州南部に拠点を置く日系企業の平均給与はカリフォルニア州の平均より 48％高いと推定される (Consulate General of Japan, 2011)。これは、日本企業の駐在員やより長期滞在の社員には相当の経済的手段があり、一般に新移民集団を連想させるエスニック・エンクレイブやゲットーとは無縁であることを示している。

　ロサンゼルスの新日系コミュニティでの調査を通じての知見については前章までに提示してきた。それに加えて、筆者はそうした調査に加えてに、ロサンゼルスの米国大学院学生会に参加し、この学生会を通して多くの日本人大学院生と接触し、インタビューすることができた。加えて、週末の日本語学校で教師助手を務め、ミレニアル世代である新二世に知り合う機会を得た。調査では、ミレニアル世代へのインタビューをすることもできた[2]。ここでは、ミレニアル世代の言説を中心に記述する。

1　ミレニアル世代の世代定義

　最初に、ミレニアル世代の意味については言及しているが、こでは、ミレニアル世代を 1980 〜 2000 年生まれとする根拠について簡単に述べる。プライスウォーターハウスクーパーズ、ロンドン・ビジネス・スクール、南カリフォルニア大学が実施した世界雇用者調査では、1980 〜 1995 年生まれをミレニアル世代としている (Finn, D & Donovan, A, 2013)。ゴールドマン・サックスが

実施した同様の調査ではミレニアル世代の範囲を広げ、1980〜2000年生まれとしている。また、アメリカ国勢局はミレニアル世代を1982〜2000年生まれと定義している (United States Census Bureau, 2015)。いずれの世代の解釈においても、米国のベビーブーム世代の第二世代であること、インターネットの隆盛と並行して生まれ育ったことを反映して、デジタル文化に子供の頃から接し、デジタル技術に抵抗がなく、それらを駆使できるようなスキルを持っていることが共通点であるといえよう。筆者はこれらを考慮して、ミレニアル世代を1980〜2000年生まれとする。

2　研究に際してのカテゴリー枠組み

　ミレニアル世代新一世の分類と多様性を理解するために、第一に主要な新一世集団として、①文化移住者、②専門研究者、③企業駐在員とその子供という分類を行う。いずれの集団についても、新一世が海外に押し出され、引き込まれる理由が見えてくる。筆者は各集団のメンバーに回答者の考えを深く追求する面接調査法であるインデプス・インタビューを行ったので、その内容を基にロサンゼルスの新一世（移住者および移民を含む）のアイデンティティとコミュニティについて考察する。ロサンゼルスの新日系移民の生き方を明確にする目的で今日の日系移民を研究するには、トランスナショナリズムとグローバル化の概念を用いることが不可欠である。トランスマイグラントのアイデンティティは企業駐在員の家族や専門研究者に広く観察され、彼らは親密な社交空間を持っており、一般に米国人（日系アメリカ人を含む）とつきあうより、新一世同士でつきあう傾向にある。本章では、新日系移民コミュニティの特徴に焦点を当ててトランスナショナリズムとグローバル化の影響を検討する。また、この二つが新一世のアイデンティティや文化、ライフスタイル、米国での生計手段にどのように影響しているのかを考察する。さらには、日本人アイデンティティと日本文化の役割を分析する。これは筆者の研究における中心テーマでもある。ただし、新日系移民とより広範な日系アメリカ人コミュニティとの関係については、十分なデータを収集してい

ないので考察の対象としない。

　次に、ミレニアル世代であるが新一世ではない、新一世の子供世代である新二世を対象として提示する。ミレニアル世代である新二世についての研究はほとんどなく、本研究の知見からもミレニアル新一世世代との差異が浮かびあがる可能性があり、それらはミレニアル世代という世代論だけでなく、やはり一世と二世という日本との関係や文化との交差という要因によって規定されるのではないかと考えられる。

1. 文化移住者のアイデンティティ

　新一世に見られる特異な現象の一つは、欧米文化に惹かれて米国、なかでもロサンゼルスに来る者が多いということである。欧米文化に魅了されて米国に移り住む彼らを本章では「文化移住者」と呼称する。こうした「文化移住者」は、ほとんどが日本で米国文化に触れ、米国の文化やライフスタイルに直接浸ろうと米国行きを決めた若者たちである。インタビューを通じて得た共通性を挙げると、多くの文化移住者は、日本にいることに何か満足できないものがあって、日本で触れたメディア・イメージをもとに米国を体験したいという願望を抱いた。そうしたメディアに一般に描かれていた米国には、自由の文化があって、日本社会に比べて社会の圧力や規制が少ない。ロサンゼルスはハリウッドやメディア産業が思い浮かぶ米国の象徴的な都市であり、日本からの文化移住者がこぞって目指すところでもある。筆者がロサンゼルス近郊ソーテルでのエスノグラフィ研究で出会った若い日本人の何人かは、映画、写真、グラフィックデザイン、音楽など米国での「文化生産」にかかわりたいと話していた。この場合には、やはりグローバル化により米国のどちらかといえば、ポップカルチャーが迅速にかつ大量に日本で紹介されていたことが彼・彼女たちの希望への土台となっていたことが言葉のはしばしから推察された。本章で分類している文化移住者とそれ以前に米国に移住した来た人々との相違は、現代の文化移住者は西洋の近代的なものを求めて移住するのではなく、日本以外でもっといい生活をしたくて移住するのでもないという点にある。こうした文化移住者に分類できる若者は日本の中間層の出

身で、経済的な生活水準はロサンゼルスの中間層と変わらない。新一世の文化移住者にとっては、米国文化への思い入れが移住の動機であるといえる。

筆者がインタビューした文化移住者のS氏は20代半ばの大学生で、米国に住んで7年になる。彼女は高校生の時、日本の大学には行かないと決心した。そしてロサンゼルスのコミュニティ・カレッジに入学し、その後、四年制の大学に編入した。Sは米国で学びたいと強く思った理由を次のように語っている。

> ほかの街じゃなく、とにかくロサンゼルスに行きたいといつも思っていました。私は東京生まれで、都会育ちだから、都会じゃないとダメなんです。日本にいたころは、学校の勉強はとても窮屈で、家族からたくさんのプレッシャーを受けていました。だから、雰囲気の違うよその国に行きたくて、私の行先はロサンゼルスでなければと思うようになりました。今はここに来てよかったと思ってます。新しい友だちができたし、違った文化に触れられるから。何より、親から独立できましたし。

Sは米国の文化を体験し、それにかかわりたいと思っているが、彼女の勉学や生活上の友人は米国に留学中の新一世ばかりである。米国での7年間を振り返ってどうだったかと聞くと、次のような答えが返ってきた。

> とても大変だったけど、新しい自分を発見したと思います。ここにはいろんな日本人がいて、日本語を話さず、日本に住んだことのない日系アメリカ人もいるけど、彼らだって日本人。それから、私のように日本から来た人たち。日本人じゃないのに日本文化に関心のある人もいます。日本人であることと日本そのものがブランドなんです！

Sはグローバルな文脈で日本人としてのアイデンティティを強化し、米国内のより広範な日系アメリカ人を含めた「日本人コミュニティ」[3]に自分を位置づけている。とはいえ、彼女を取り巻いている新一世同士で形成している

仲間集団は日本との直接的なつながりをより重視していることの表われとも見て取れた。すなわち、彼女は広範に日本人コミュニティをとらえており、そこには日系アメリカ人も仲間意識を持てるかもしれない集団として含めているのだが、実際には、自分と日系アメリカ人を文化的経験や日本語能力によって区別していることが要素として浮かびあがってきた。

筆者が出会った別の新一世Ｄ氏（第７章既出）は30代前半の母親で、高校卒業後に渡米した。理由は日本以外の世界を知りたかったからだが、その後も米国にとどまり、非日系アメリカ人と結婚した。移住の理由と米国のライフスタイルにどのように適応していったかを聞いたところ、Ｄは次のように話した。

> 高校卒業後、米国に来ました。米国、特にカリフォルニアに行きたいという夢がいつもありました。ロサンゼルスは太陽が光り輝き、誰でも受け入れてくれるところだと思ってました。しょっちゅうアメリカ映画を見てました。それで、高校を卒業したら日本の大学には行かないと決め、米国に来ました。一人で来てコミュニティ・カレッジに入ったけど、私のように自分自身が望んで米国に来たという日本人に何人も出会いました。私はふつうの日本人じゃないんだと思います。日本では時々退屈を感じていましたから。自分を試したくて米国に来ました。

Ｄは現在でも英語に自信がなく、主に新一世の仲間集団とつきあっている。米国に住んで15年くらいになるが、英語にはいまなお苦労していて夫に助けてもらうことが多い。言葉だけでなく、米国での日常生活の他の場面でも夫に頼っている。主婦になっても米国文化とは距離を置き、滞在期間が長くなっても、できるだけ日本語や日本文化に立ち戻ろうとする。特に家庭ではそうだという。日本人であることがアイデンティティの中心を占めていて、自分の子供とは日本語でしか話さず、彼女にとっての日本の文化やアイデンティティを子供に教えている。そうした日本指向が息子との関係や家庭でのしつけに表れており、Ｄは次のように語った。

> 夫は仕事がとても忙しくて、あまり家にいません。だから、子供と過ごす時間は私のほうが多く、子供とはいつも日本語で話し、日本語でメールしています。英語は使いません。子供が日本語で話すのは嫌だと言わない限り、今のやり方を続けるつもりです。今のところ、子供は日本人としてのアイデンティティを保持しながら育っていると思います。私自身、日本人の母親であり続けるつもりですし、子供が日本人アイデンティティを形成できるよう、しっかり子育てしようと思います。

Dのアイデンティティは日本語と日本文化にしっかり根づいていて、息子は日本語が上手で、週末には日本人補習校で熱心に勉強していた。しかしその結果、問題も生じている。Dは息子のことをこう語っている。

> 息子は日本語のテレビをいつも見ています。英語はあまりできません。米国の学校の勉強や宿題に身が入ってないのではと、私も少し心配しています。たぶん、日本の文化にとても興味をもつようになったのでしょう。私自身は英語がうまく話せませんから。息子とはいつも日本語で話し、一緒に日本語のテレビ番組をたくさん見てます。息子は米国の文化より日本の文化に触れる機会が絶対的に多いですね。

Dの息子の例を見ると、多くの新一世は米国に長年住んでも日本人としてのアイデンティティをしっかり保持しており、それが子供にも伝えられていることがわかる。興味深いことに、SもDも「文化移住者」として同じような道を選んで渡米し、日本的な要素を捨てて外国での経験や文化に浸ろうとした。ところがどちらの場合も、日本脱出の願望を生み出したイメージと、米国で目にした現実には隔たりがあり、グローバルな文脈で自分のアイデンティティを再評価し、調整せざるを得なかった二人は米国での生活に適応し、その経験から学びはしたが、それでも、自分を米国で暮らす日本人と位置づけ、生活している。したがって、日本での生活のあれこれに満足できず日本

を離れることを選んだにもかかわらず、ほとんど日本的なライフスタイルとアイデンティティを保持し、アメリカの文化や言語に100％融合あるいは同化はしないという選択を意識的にしていると見て取れる。

2．専門研究者のアイデンティティ

　文化移住者と多少似ているが、筆者がロサンゼルスで出会ったもう一つの新一世集団をカテゴリー化するなら、専門研究者であろう。この集団に該当するのは、日本ではなかなか成立していない専門職としての技能や研究テーマを追求するために、換言すれば、日本では自分が選んだ専門分野でキャリア開発ができないと考えて渡米した新一世である。関心分野によっては、米国で学んだり研究したりして得られる地位や資金、支援が日本では得られないかもしれない分野を研究していたり、職として選択していた場合である。そうした専門家集団の一つが学術研究者である。米国の大学で学び、学位を取得し、米国で仕事を見つけたいという人たちだ。専門研究者と文化移住者の違いは、前者は文化的な関心だけが渡米の動機ではなく、専門分野の研究により適した環境を求めて移住するという点にある。

　20代後半のL氏は米国の大学を卒業し、大学院に在籍していた。筆者のインタビューに次のように答えている。

　　よく知られていることだけど、科学、技術、数学、ライフサイエンスや工学専攻などSTEM分野の学生は、研究の機会を求めて、あるいは世界のトップクラスの大学院や研究プログラムを求めて、米国で高等教育を受けることを望みます。一方、人文学専攻の学生や日本中心のテーマに取り組む学生が日本を離れて渡米することはほとんどないでしょう。

　　STEM分野の米国での研究の水準は高く、もちろん、日本でも分野によっては高いこともありますが、資金水準が高く世界中から水準の高い研究者や教授陣が集まり、学生も多様性があることから、非常に自由で多様な意見を尊重した環境の中で、研究テーマを追求することが可能です。

研究室間での意見交換も自由にできるという特徴もあります。

同じ発想が多いところでは得られなかった新しい視点や見方があるのが米国での研究生活での特徴といえると思うのです。

　Lは、日本を離れてさびしく思うが、渡米後の研究や勉学を通じて経験から新しい視点が得られ、新たに理解できたこともあると語っている。一方で、同じような経験や志を持つ日本から留学してきたあるいは移住してきた研究者や留学生同士のネットワークは大事であると語り、彼らとのつながりを大事にしているとも強調していた。
　「文化移住者」と同じく、筆者がインタビューした研究者たちは自分を移民とは思っていないが、帰国の予定が具体的にあるわけでもない。日本人であることに強い誇りを持ち、関心分野を同じくする他の新一世とネットワークをつくり、ともに研究している。
　ミレニアル世代の新一世が渡米する動機は、専門知識の獲得だけではない。専門的な研究を促進する環境に魅力を感じたことも大きい。30代前半の新一世M氏が米国に来たのは、特殊な工学分野の大学院で学位を得るためであった。彼はこう話している。

　　私が米国に来たのは、日本では研究が保証されない専門分野で研究したいと、前から思っていたからです。自分自身にチャレンジするため、渡米することが正しい選択であり、目標だという確信がありました。

　Mは高等教育機関で専門知識を獲得したいから米国に渡ったわけではない。むしろ、自分がすでにもっている専門スキルを生かしたいという願望から渡米し、また米国には確立していない研究分野でも挑戦できる環境やそれが将来的に研究分野として成り立つかもしれないイノベーティブな環境があることを強調していた。

3．一時的滞在者から永住者への転換者のアイデンティティ

　新一世を含めた新日系移民のなかには当初から米国に永住する予定の者もいれば、当初は永住する予定がなかった者もいる。米国に一時的に滞在する企業関係者や期間限定の企業研修者は"corporate sojourners"（企業駐在員）といわれることが多い。グローバル化による経済拡大に伴って、様々な日本企業や多国籍企業が世界中に支社を設立するようになり、企業従業員を海外に派遣して、日本の経済的発展の最前線たる拠点とした（Befu, 2003, 5）。米国のロサンゼルスもそうした海外日本企業の拠点の一つである。

　1991年のバブル崩壊後は景気が急速に収縮したため、企業駐在員は次第に減少した。駐在員として派遣されたのは、ミレニアル世代より前の世代の経験豊富な社員であり、1991年の資産バブル崩壊後の10年間に駐在員を経験したとすると、彼らは1980年（ミレニアル世代の起点になる年）よりずっと前に生まれた世代である。企業駐在員の世代をこのように位置づけると、その子供たちがミレニアル世代の新一世というカテゴリーに入れることができる。

　企業駐在員家族は一定期間海外に渡り、一般に数年後には日本へ戻る。駐在員は元のポストに復帰する。こうした社員は米国にいる時も日本に帰ってからも、子供の教育について具体的に考えている。駐在員のミレニアル世代の子供の教育支援は、日本企業としても福利厚生の重要項目として位置づけ、現地での支援のみならず、日本での帰国後に備えての情報や現地での日本語力維持のための支援も行っている。駐在員の大多数は、日本に帰る意図を持っており、アメリカ社会に融合せず、これまで説明してきたようなトランスナショナルなアイデンティティを保っている。駐在員のカテゴリーに入る新一世の家族は文化移住者や専門研究者と同じく、トランスナショナルな日本人としてのアイデンティティや日本の文化、ライフスタイルを好む傾向が強い。駐在員は既存の新日系移民コミュニティに同化し、企業というスポンサーから支援を得ていること、また、企業側も帰国を期待していることが、トランスナショナルな日本人でありつつも、向日本志向をさらに強める要因になっている。

　日本企業は、駐在員に選ばれて派遣される社員が、移住に役立つ知識やス

第 8 章　ミレニアル世代に見るアイデンティティ・ポリティックス　159

キルをあらかじめ充分に備えているとは必ずしも見ていない。実際に、大多数の駐在員家族は、互助的な日本人ネットワークを外れては米国で生活できないといえるだろう。

　直接、駐在員から永住へと法的地位を転換した家族のもとで育ったミレニアル世代の若者にインタビューをすることはできなかったが、そうした家庭の母親にインタビューすることができた。50 代前半の B 氏（第 7 章既出）は、駐在員家族とそのミレニアル世代の子供たちに特有の課題と特徴を話してくれた。B は家族の将来がどうなるかわからず、自分は移民なのか一時滞在者なのか思いあぐねていた。渡米後数年間は不確実なことばかりだった。何よりも米国にどれくらい滞在することになるのかわからず、息子たちが米国での生活に適応できるよう手助けすると同時に、突然の帰国に備える必要もあった。当初は明確な帰国予定があったが、駐在生活が長引くにつれてその計画はあいまいになっていったという。

　　最初は、私たち家族はしばらく米国に駐在員として勤務することになると聞かされていました。その期間も示されていました。だから私は、帰国に備えて子供に日本語を教え、日本語能力を維持しなくちゃと思っていたのです。

　このように駐在員家族から永住者になった新一世家族の場に失念してはならない特徴の一つには、当初は帰国を予定しているか、帰国しなければと思っているが、時間の経過にしたがって帰国予定がはっきりしなくなるということである。駐在員家族の場合には、他の当初から永住を目的として渡米してきた手段と比べて米国社会で生きていくためのスキルが年月の経過に応じて伸びていかない傾向がある。なぜならば、いつか日本に帰ることを想定している以上、居心地のよい「日本人コミュニティ」[4]を選び、米国社会への融合はそれほど重要ではないからだ。筆者がインタビューした人たちは移民という地位に同様のあいまいさを感じ、自分は米国に長期滞在している日本人だという言い方をしたが、駐在員から永住者という法的身分を変更した人たち

はその意識が特に強いように感じた。Bは家族のために永住を決断した。子供たちはアメリカの生活に適応しており、夫から、子供たちのために米国に永住してほしいと言われたのだ。

　息子たちは日本語より英語を流暢に話し、新しい友だちをつくり、新しい生活を楽しんでもはやアメリカ人として定義した方が良いようだったので、彼らにとっては米国に永住する方が良かったともいえるでしょう。しかし、私自身にとってその決断が良かったのかは難しいです。米国の生活に適応するにはいろいろ問題がありましたし、現在形でもあります。日本にいる両親のことも心配ですが、英語が今でもあまりうまく話せないことがネックでもあります。

　新一世である新日系移民家族と駐在員家族の日本語教育や日本文化とのつながりの違いは次の点にある。永住組である新一世の家庭はそこで選択した日本語教育の習得レベルや成果に関する具体的な達成モデルがあるというわけではない。一方、企業駐在員は帰国する時に備えて子供の教育を日本語で行うという課題があるため、帰国後の日本の学校教育や高等教育レベルについていけるだけの学力を担保できる日本語力を習得することが求められる。そのため、当初はそうした水準を目標にして日本語学習を頑張らせる。同時に、向日本の生活や文化保持パターンを維持することになる。しかし、滞在期間が長くなるにつれて、子供は家庭外での現地校や文化への適応が上回ってくることもあり、日本語教育の意味や保持が難しくなる場合も起こってくる。あるいは、場合によっては、駐在員家庭のミレニアル世代の子供が米国社会や文化に融合した結果、当初は日本に戻る予定であったにもかかわらずそして親は日本語で教育しようとしたにもかかわらず、米国に留まることになった事例も少なくない。こうした事例は親も子供も新一世のカテゴリーに分類できるといえよう。

3　新一世コミュニティの機能と仲間集団

　三つの新一世集団とのインタビューで触れたように、多くの新一世は仕事や仲間集団で出会った他の新一世と主につきあい、互助的ネットワークを形成している。そうしたインタビュー対象者である新一世は全員が自分を日本人と意識していた。米国に10年以上住んでいても日系アメリカ人とは自らを位置づけていないし、まして米国人とは認識していない。新一世が日本人同士のつきあいを望むのは多くの場合、自分の状況を理解してくれる「仲間」[5]と呼ぶ「人たち」と日本語で、ストレスなくコミュニケーションできることを望むからでもある。

　エスニック・コミュニティに関する先行研究によれば、移民、特に女性にとってエスニック・コミュニティの果たす役割は大きいことが指摘されている。エスニック・コミュニティは、移民とその家族がホスト社会に適応できるよう有益な資源や助言、情報を提供してくれるからだ。ヌカガ（2008a）は、日本からロサンゼルスに移って日の浅い母親はアメリカの生活に適応するのに苦労していると指摘している。実際に、筆者が教師助手として勤め、参与観察をしていた日本語学校もエスニック・コミュニティのなかの施設として機能していたように思われる。そこは子供の親が同じような背景を持つ他の日本人と会える場所であり、そこでの情報の入手や支援の在り様については、前章で提示した通りである。親たちは日米二ヶ国語で、日本と米国の二つの文化のなかで子供を育てようとしており、日本語学校では、そうした特異な状況について情報を共有することができたのである。こうした親たちにとっては、子育ての目標が共通しうる他の新一世とつきあいが単なる交流以上の意味を持っていたのである。

　それでは移民集団、ここでは新日系移民がエスニック・コミュニティを形成しているのはなぜだろうか。グッドマン等（2003）はその理由について海外の駐在員コミュニティでの参与観察をもとに日本企業の駐在員派遣パターンが「特別な環境」を生み出し、日本からの移住者を日本人中心のコミュニティに押し込めていると説明している。そうした環境は日本からの一時滞在者の

ニーズに合って彼らは日本の延長上にいるかのように暮らすことが可能となる。そうしたコミュニティのインフラには、企業が提供する住宅や活動、日本人学校、用意された互助団体なども含まれる。日本から海外に赴任する駐在員は次々と交代するが、こうして形成されたコミュニティはそのまま残り、新たな駐在員が家族連れでやってきて、すぐに暮らし始めることができる。そのコミュニティでは日本語学校や日本のレストランや書店があり、同じような背景を持つ他の駐在員家族と出会いの機会がある。このような仲間集団やライフスタイルによって、日本人駐在員とその家族は日本での生活と同様の生活をおくることが可能となると述べている。このような性質をもつコミュニティとそこに属する人々の諸側面は、アメリカに長期間滞在している新一世の移住者や移民にかなりの程度見られるが、駐在員とその家族により顕著にその諸側面が当てはまる。企業駐在員とその家族は、日本にいた時のライフスタイルの延長としてエスニック・コミュニティを形成する。それゆえ、ホスト社会からいっそう孤立し、米国社会への同化の可能性が限定されることになる。ジョウ(1997)は、同化論が社会学的考察の主流をなしてきたが、最近の研究では、同化がかつて考えられていたほど社会的地位の上昇につながるのか疑問視されていると指摘していることは先述した。その背景には、トランスナショナルな移住は、今日の世界がグローバル化し、相互につながることで可能になったことがある。かつてのような限定されたエスニック・コミュニティのなかでの生活を法律や社会的に規制されていた時代には、社会的地位の向上のための同化と同化理論は捉えられていた。しかし、グローバル化による現在では、同化する必要もなくトランスナショナルに移動あるいは移住し、そうしたエスニック・コミュニティもホスト社会とは別に存在している。そのため、移民と同化に関するこれまでの定説を再評価する必要があるともいえるだろう。

4　ミレニアル世代新一世のアイデンティティと文化の保持

　移民は二つの異なる国をまたいでどのように生活しているのか、グローバ

ル化は移民のアイデンティティやライフスタイルにどのように影響しているのか、移民はどのような方法で母国とのつながりを維持しているのか。これらの疑問への答えは、トランスナショナリズムという概念で説明できる。トランスナショナリズムは現代の移住と密接にかかわっている。長距離の移動やコミュニケーションに手軽に使える手段を技術がサポートし、提供しているからだ。移民とは、故国を追われて移動させられ、受け入れ先の社会に同化していく者ではなく、いうならば『トランスマイグラント』であって、出身国と受け入れ国の両方と親密なつながりをもち、両方の国に対してアイデンティティを抱いている (Li 2009, 26)。筆者がインタビュー調査で得た回答を集約すると、こうした新一世は米国と日本の文化的アイデンティティを完全に融合させてはおらず、二つのアイデンティティを保持し、場面によってうまく切り換えている。筆者がインタビューしたミレニアル世代の新一世は全員が母語である日本語と日本文化に強い親近感を抱いていた。

　米国に10年以上住み、この先も住み続けるだろうというミレニアル世代の新一世であっても、米国の文化や社会集団に溶け込み、英語力を高めようとする努力はさほどしていない人も少なくなかった[6]。米国に住みながら、日本人アイデンティティや日本文化を保つ方法を見つけ、日本にいた時のライフスタイルの諸側面を維持している者が多いという印象を受けた。そうしたライフスタイルの維持は、文化的消費の具体的な機会である食と抽象的な機会であるコミュニケーションやメディアの両方を提供するエスニック・コミュニティを通してなされていた。

　グローバルな輸送ネットワークが手軽に利用できるようになり、また、映像やテキスト、メッセージ、電子メール、インターネット・コンテンツによって即時にコミュニケーションが可能となったために、アメリカにいても母国の文化やニュースにアクセスできる。30代前半のC氏は次のように語った。「日本を離れて寂しいけれど、家族が日本にいるので、帰ろうと思えばいつでも帰れるんです。日本がそれほど遠いとは思いません。SNSで家族の近況はすぐわかりますから」。Cも日本の文化メディアを消費していると話し、こうした文化メディアは息子の日本語コミュニケーション力向上や日本

人アイデンティティ形成に不可欠だという。

　筆者の見るところ、グローバル化とロサンゼルスに形成された日本人コミュニティによって、日本のメディアや本などの文化的リソースが手軽に入手できるようになり、Cのケースに見られるようには自分自身と同じ強い日本人アイデンティティを形成すべく子供を育てることが可能になった。メディアやコミュニケーション分野の技術進歩によって、新一世のアイデンティティやライフスタイルはかつてよりはるかにトランスナショナルになっている。

5　国を越えたつながり

　新一世は米国に住んでいても、日本との物理的あるいは精神的なつながりが切れているとは思っていない。筆者が出会ったミレニアル世代新一世のほぼすべては休暇に帰国したり、少なくとも年1回は日本の家族に会いに行ったりしており、母国や日本の文化的アイデンティティと完全に断絶してはいない。ほとんどの新一世は日本の中間層に属し (Gordon, 1993)、しばしば帰国できるだけの経済的余裕がある。加えて、トランスナショナルな移住者である新一世は家族や友人とのつながりを、国を越えて保ち、時々帰国しては日本に残してきた仲間集団を訪ねていると考えられる。筆者がインタビューした30代前半の母親S氏は、「夏休みや冬休みには娘を連れて帰国するので、娘は日本にいる親戚や自分のルーツを知ることができる」と話していた。米国に20年、30年と長く住んでいる新一世家族にとっても、日本にいる親族とのつながりは共通のテーマである。こうしたつながりは、日本人アイデンティティを新一世家族に根づかせるという引き寄せ効果があると考えられる。新一世の母親にとっては、日本の親族との強い社会的つながりが、日本人らしい家庭とライフスタイルで子供を育てようとする重要な動機となり、支えとなっていることは前章で述べた。ミレニアル世代の新一世も同様な意見を提示しただけでなく、米国で家族を持ったとしても、日本の親族とのつながりは持ち続けていくと語っていた。

米国で育てられる子供のエスニック教育のために、日本にいる親族が日本語教材や日本文化に関係するものを送ってくれるという事例が多いことを前章で述べた。新一世は米国に移住して日本人アイデンティティを捨てるのではなく、日本人アイデンティティを強める関係や活動に意図的にかかわっている。この傾向は新一世の子供（第一世代、第二世代）にもはっきり見られる。そこで、次節ではミレニアル世代に相当する米国で生まれ育った新二世に焦点を当て、日本語教育の意味と日本人としてのアイデンティティとの関連性について提示する。

6　ミレニアル世代新二世の視点から見たアイデンティティ

　子育てや幼少期の学習に関するケースを数多く収集したが、本研究はミレニアル世代である新二世に対する分析に焦点を移し、新二世への教育成果の全体像を示す。日本語と日本文化に触れながら育ち、日本語の語学力と文化への適性向上のために日本語学校に通った新二世に、これらの影響はどのように成人した彼らに反映するのか。幼いころ、少しずつ注入された日本的アイデンティティは維持されているか、あるいは表面的な部分にとどまり、米国のメインストリーム文化に合わせる過程において剥ぎ取られていったのだろうか。本節では、こうした課題設定に基づいて質問内容を検討し、現役大学生や大学を卒業したミレニアル世代の新二世から収集したオーラル証言に焦点を当てる。

　本研究を行う期間に、自分を新二世と位置づける新日本人移民第二世代の学生に、何人か会うことができた。UCLA 在籍中にはティーチング・アシスタント（TA）として様々なクラスに関わり、「日本の歴史」、「現代文学と映画」、そして「日本語」などの授業を担当した。こうした授業を履修する学生に、多くのアジアから来た留学生や日系アメリカ人の他に、何人かの新二世も含まれていた。ディスカッション・セクションで学生たちと週に2回会うチャンスがあり、そこで話をしたりすることを通じて、交流することもできた。その過程で、何人かの学生を個人的に知ることもできた。筆者が日本出

身だと知って、学生の中には日本語で話しかけてくれる者もおり、そのレベルの高い理解力と会話スキルにしばしば驚かされたものだった。授業後やオフィスアワー、そして休憩時間にこのような学生たちに研究の話をすることもあったが、本研究にインタビュー対象者として参加することに興味を示した複数の学生に、インタビューを実施することになった。結果として新二世7人に一時間から一時間半程度のインタビューすることが可能となった。

事前に用意している質問[7]をしながら、会話の流れに任せて、対象者が話しやすい話題に集中するような流れとなった。以下にはいくつかの代表的なインタビュー内容を提示する。

1. アイデンティティと価値観の形成における日本語・文化継承の役割

ここでは、家庭での日本語教育と日本文化との交差を通じて、いかにアイデンティティと価値観が形成されたかを検証する。

> **筆者**：日本と米国という二つの国、文化そしてその言語に関係していることを踏まえて、自分をどう言い表すのかを教えてください。たとえば、日系アメリカ人、米国人、新日系アメリカ人、新二世等。
>
> **Y**：もちろん自分は日系アメリカ人の一部だと思いますが、どちらかというと、日本と米国の中間にいる存在と思います。自分を米国生まれの日本人だと見ているけれど、完全に米国人ではないですね。家に帰ったら日本語で話すし、今でも日本にいる祖父母に会いに行きます。しかし、日本人の末裔である他の第四世代や第五世代の学生を見ていると、彼らは私と同じような「日系」だけれど、やはり彼らと自分とでは大きな違いを感じます。両親は米国に20年以上も住んでいますが、未だに日本と強いつながりを持っているし、いつも私に日本語で話しかけるし、これまで日本語教育を私に学ばせてきました。
>
> **筆者**：教育の面に関して、もう少し詳しく聞かせてくれますか。極めて流暢な日本語に、とても感心しています。日本語をどうやって勉強したのかを聞かせてください。ご両親は、日本語力を向上させるために、

目標を設定したり、強制的に勉強させたりしましたか。
Y：その通りです。英語で話したほうが楽だと感じていたけれど、日本語は母語なので、家ではいつも日本語を話します。少なくとも、できるだけ多くの日本語を話すようにしています。友達は、みんな英語で喋りますので。自分がどうやって日本語を勉強したかというと、いつも日本語を教えてくれた母の存在がとても大きかったと思います。毎週土曜日に日本語学校に行き、正直なところ、同じ背景の友達と一緒にいるのが楽しかったです。しかし、やはり日本語学校の宿題と、普通の学校の課題を同時にこなす義務感は大きなプレッシャーでした。
筆者：どんな宿題がありましたか。お父様やお母様は助けてくれましたか。
Y：いつも母が毎週金曜日の夜に、週末日本語学校の宿題を助けてくれました。なぜ金曜日までに日本語の宿題をやらなかったかというと、平日は現地校の宿題やスポーツの活動に専念しているからです。母は、こういうところに全部連れて行ってくれて、英語で話すのも米国人の友達の親と付き合うのもあんまり得意じゃないのに、たくさんの時間を費やしてイベントの最後まで一緒にいました。そういう風に考えると、母が週末日本語学校で他の日本人のお母さんたちと日本語で話しているのは、いつも楽しそうに見えました。他のお母さんたちと知り合い、お母さんたちと、ランチやカフェでの集まりに出かけたり、趣味の時間を一緒に過ごして、日本語でおしゃべりしていました。

先述したように、日本語の習熟に対する親の影響は大きいといえる。コンドウ‐ブラウン（Kondo-Brown, 2001）が行った調査によると、新二世のヘリテージ言語の習熟度は、日本人母親が家で使う言語と習熟度に比例するとのことである。インタビュー対象者Y氏が言及したように、彼女の母親は英語が得意でないこともあり、家での使用言語は完全に日本語であったという。家の外では英語によるコミュニケーションに専念し、家庭内では日本語を使用するという環境は、Yの日本語の習得にポジティブに機能したといえよう。こうしたケースは、筆者がインタビューで出会った新一世の母親の中では決

してまれなケースではなく、むしろ一般的であることを付言しておく。

　さて、継承語教育を行っている日本語学校での小学生から中学生段階の児童生徒との接触を通じて、母語や文化を含むエスニック教育が子供の母語の習熟とアイデンティティに影響を及ぼすことを実証してきた。しかし、小学生や中学生は年齢的にもまだ若く、言語の発達途上にもあるともいえるし、またアイデンティも確立しているとはいえない。そこで、日本語学校および新一世の親が採用した子育てストラテジーの教育成果を測る重要な基準の一つとして、成人となった新二世がどのように自らのアイデンティティを認識し、かつ日本や日本文化との関係を位置づけるかということがあろう。実際に筆者が勤務していた日本語学校で接触した新二世の子供たちに関して言えば、「曖昧でぼんやりとした」日本に関するアイデンティティが形成されているように思われた。さらには、そうした「曖昧でぼんやりとした」日本に関するアイデンティティも、親から植え付けられたあるいは日本語学校に定期的に出席することで形成されたところが大きいように思われた。

　成人した大学生や大学を卒業した新二世は、より多くの人生経験を経て、自らアイデンティティの位置付けを決定できるだけの自立性を持ち、精神的な成熟度も高くなっている。還元すれば、自らの日本的ヘリテージを、自分の中で内面化させる、あるいは融合するというような決定を行うことができる段階にあるといえる。

　コンドウ‐ブラウン（2001）は、エスニックのヘリテージを持つ学生は、自らの母語を習得することに積極的であるということ、またバイリンガルである学生はむしろ大学時代に自らのヘリテージ言語に対する興味が増えたという調査結果を指摘している。その意味でも、新二世成人とのインタビューは、アイデンティティ形成と維持に影響する要因を検証するうえで、不可欠な作業であろう。

　筆者がTAとして担当する日本史の一般教養のクラスで、インタビュー対象者女子学生F氏と最初に出会った。当時F氏は学部の三年生であった。彼女は、このクラスに興味を持っており、オフィスアワーにもオフィスを訪

第 8 章　ミレニアル世代に見るアイデンティティ・ポリティックス　169

れる頻度が多かった。基本的に英語で話したが、たまに日本語を会話に交えることもあった。そうするうちに、彼女の日本語の力が非常に高いことに気づいた。彼女によると、母親の出身地である広島で二年間過ごしたということで、自分の母国について学ぶ経験はかけがえのないものであったと語った。この会話を契機に F 氏へのインタビューを行うこととなった。

筆者：どうして UCLA で日本史のクラスを取ったのか教えてくれますか。
F：はい。私は、日系アメリカ人ですが、完全な米国人でも完全な日本人でもなく、両親とも日本から来たし、両親はいつも日本語で話しかけるので、自分の日本ルーツについて勉強することにずっと興味を持っていました。小学校から中学にかけて、毎週土曜日に日本語学校に通いました。正直に言いますと、現地校の平日の宿題と日本語学校の課題に同時についていくのは、とても大変でした。中学の時に、二年間日本に行くチャンスがあったのは、本当にありがたかったです。この間に、自分の日本語が劇的に上達しました。今、週末日本語学校のことを振り返りますと、日本語の読み書きを勉強するところだけではなく、自分と同じ日本のヘリテージを持つ米国人生徒に出会う場所でもありました。しかし、中学時代に行った広島では、私はクラスでたった一人米国から来た子で、自分の日本語の理解力やスキルは、明らかに周りの子とレベルが違うのがわかりました。日本にいられるのは一時的だと分かっていたので、熱心に周りと付き合い、できるだけ環境に溶け込もうと努力しました。もちろん、米国の友達や米国文化を懐かしいと思いましたけれど、今振り返ると、広島にいたあの二年間は本当に良かったと思います。苦労は報われましたし、何より自分を本当の日本人だと思えるようになりました。日本のヘリテージを持つ他の米国人の友達は、第四世代か第五世代の人が多く、日本から遠く離れたところにあるように感じます。日系アメリカ人の友達も、日本に誇りを持っているけれど、私とはやはり違います。日本人の家族がいなかったり、日本語とのつながりがなくなっていたり、両親とも米国

生まれの米国育ちだったり、そして母語は日本語ではなく英語だったりします。私も米国で生まれましたが、日本との強いつながりがあって、二つの国に同時に存在している、つながっていると感じます。

筆者：二つの文化に親近感を持っていると言われましたが、特にどのようなアイデンティティを持っていますか。日本人、日系人、それとも新二世の新日系移民のどちらに近いと感じますか。

F：先生が使った「新二世」という言葉に、間違いなく近いと思います。おそらくそれは、私の状況を説明するのに一番適切な言葉ではないでしょうか。なぜなら私は完全な米国人でも、完全な日本人でもなく、だからと言って四世や五世のような日系人でもありません。しかも、他の子と違い、私のケースは少し特殊です。2年間も日本の中学に通って、日本の公立学校の制服を着て、日本人の子と同じ給食を食べて、その間にアメリカ文化にも触れていませんでした。あの二年間の経験は本当に大きくて、米国に暮していた時に、自分がこれほど日本的になれるんだっていうのを想像もしませんでした。それ以前に、両親と日本語で話して、日本語学校にも通ったけれど、そこまで自分が日本的だとは思いませんでした。日本に滞在するにしても、一番長いのは夏休みの一ヶ月ぐらいで、日本のおじいちゃんとおばあちゃんと過ごしました。夏休みの間、母はなんとか1ヶ月間だけの日本の学校体験をさせるため夏に日本の学校に行かせたけれど、時間が短すぎたので、その学校に完全に馴染むこともなかったです。

インタビュー対象者Fとの会話は、新二世のアイデンティティ形成に影響を与える複雑なプロセスを示唆している。Fは、極めてトランスナショナルといっても良い幼少期を過ごし、自ら積極的に日本語と日本文化を勉強し、常に日本語で家族とはコミュニケーションを取る一方、家庭外の現地校や米国人の友人たちとは英語でコミュニケーションを取っていた。状況に応じて言語をスイッチしていたし、自分の持つ文化的アイデンティティも変化していたともいえる。新二世として親が用意した日本語の環境に身を置き、日本

語学校にも通い、幼い頃に日本でバケーションを過ごしたことが、広島での二年間へとつながり、日本的アイデンティティを強固に確立するための基盤となったと推察できる。日本的アイデンティティの発達や受容の土台は幼少期に日本語と日本文化に触れることであり、それ以降の時期には自らの意思と興味・関心を持つことが日本的アイデンティティや日本語力の習熟への次のステップとしての要素であると見受けられる。

　筆者：日本とアメリカの両方で過ごし、週末に日本語学校にも通い、今はこうしてUCLAで日本関連のクラスを取っていると思いますが、人生を振り返って、これらの経験をどのように見ているか、お聞かせください。

　F：UCLAでこのクラスを取る理由の一つは、自分のルーツに立ち戻り、学術的環境でもっと日本を勉強したいからです。この大学で勉強していると、なんらかの形で日本と関わりを持つ友達が周りにいることに気づきました。日本のヘリテージを持つ人もいるけれども、そうではなく、単に日本の文化や言語に興味を持っている人など、様々なタイプの人たちがいますね。日本文化に対し様々な視点と背景を持つ色々な学生が同じクラスに集まることで、日本に対する見方を色々学べたし、自分に対する違う見方も発見しました。四世や五世のような日系人でもなく、だからと言って日本生まれ日本育ちで米国に来た日本人でもないので、日本人や日系人よりも、先生が使った言葉、新日系移民を指す「新二世」は、自分を描写するのに一番ふさわしいと思いました。やはり英語を自分の第一言語だと考え、英語で読み書きするのは一番楽だと感じます。

　対象者Fのように、インタビューを行った新二世の成人たちのほとんどは、米国で育ったにもかかわらず、自分のアイデンティティを単純に「米国人」と位置づけることはできないと強調していた。成人した段階で自らのエスニック・アイデンティティの形成に大きく関わり、幼少期から培ってきた

日本との強い絆を再確認している。シバタ (2000) は、日本語学校は、新二世の子供たちのエスニック・アイデンティティと自信に、重大でポジティブな影響を与えることを指摘した。

　インタビューを通じて、ミレニアル世代新二世が成長過程を通じて日本とのつながり、言い換えれば絆を温めながら、もしくは再確認しながら、自らが米国人、日系人、あるいは日本人といったいずれのカテゴリーに帰属するかを自答しながら複数言語、複数文化との交差を持つ「人」として重層的な持つ視点を発展させてきたと見ることができる。その上で、成人した際には、自ら受けたエスニック教育によって得られた社会資本やスキルを認識し、それらを活用する新二世も少なくないというコンドウ-ブラウン (2001) の指摘に重なるところを確認することができた。インタビューを通して、新二世たちは、当時は苦しく感じたこともあったが、現在のバイカルチャー・バイリンガルという成果につながっていることへの評価は高く、親が努力して提供してくれたバイカルチャーとバイリンガルへの基礎となった日本語・日本文化に関する教育への感謝の声が強いことが判明した。

7　まとめ

　米国のミレニアル世代新一世や新二世に関する研究の蓄積が少なく、まだ多くの関心を集めているとはいえない。ミレニアル世代の新一世は数が少なく表立った存在ではないことがその理由の一つである。ミレニアル世代新一世というカテゴリーは、米国に住んでいる「新しい第一世代」の日本人を意味するが、新一世を個々に見ていくと、このカテゴリーはかなり曖昧で、解釈に幅が生じる。ミレニアル世代新一世を正しく考察するために、本研究ではまず、ミレニアル世代新一世をいくつかのグループに分けてそれぞれの特徴を捉えると同時に、新一世の明確な定義づけを困難にしている多様性に目を向けてみた。同様に、ミレニアル世代の新二世も数も少なく、研究テーマとして対象者に接触できる機会が限られている。筆者はたまたま UCLA で日本に関連する授業の TA として勤務していたことから、ミレニアル世代の

表8—1　聞き取り対象者の内訳[8]

聞き取り対象者・新一世と新二世（ミレニアル世代）

			聞き取り対象者の背景	
回答者名	年齢	性別	ステータス	職業
S	20代	女	新一世、ミレニアル世代	大学院を卒業しアメリカに在住
D	30代	女	新一世　国際結婚	高校卒業後にアメリカ、専業主婦
L	30代	男	新一世	研究者から新一世
M	30代	男	新一世	研究者から新一世
B	50代	女	新一世　駐在員から永住組	パートタイムにも従事
C	30代	女	新一世	専業主婦
Y	20代	女	新二世	学生
F	20代	女	新二世	学生

（出典：筆者作成）

新二世と知り合うことができ、インタビュー調査という質的調査が可能となった。しかし、接触を通じて、信頼関係を築き、使用する言語が英語から日本語へと変換する過程を通じて、研究が可能となったなどやはり限定的な機会を活用できたことが幸運であったといえる。今回提示したミレニアル世代である新二世は、日本的アイデンティティを幼児期からの家庭内外での日本語教育を通じて保持していたが、そうではない新二世が多いと思われる。その意味では、日系アメリカ人四世・五世にむしろ距離的に近い新二世が多いかもしれない。可能な限り、対象者を拡大して調査を続けていくことでより一般的、理論的な解釈ができるように研究を続ける必要があるだろう。

注

1 https://japan.cnet.com/article/20093883/　「若者—新時代の到来を告げる「ミレニアルズ」」Decian McCullagh（News.Com）2006年1月12日を参照している。
2 全員が日本語でのインタビューを希望した。
3 本書では、日系コミュニティという用語を統一して用いているが、Sが使った日本

人コミュニティという言葉をここではあえて用いている。
4 　ここでの日本人コミュニティとはグッドマン等が指摘しているバブル・コミュニティを意味している。
5 　インタビュー対象者が使った言葉が「仲間」であった。
6 　ただし、英語を日常的に使う職業に従事しているケースや専門研究者として米国で職を見つけようとしている留学生や研究者は英語の習熟が基本となるので英語力の向上は所与のことと認識している。
7 　事前に用意している質問は巻末資料にまとめている。
8 　新一世および新二世ともにインタビューを実際に行った人数はより多いが、表に掲載しているインタビュー対象者は掲載を許諾した人に限っている。そのため、表の掲載人数は実際のインタビュー対象者よりも少ない。

175

終　章　まとめと課題

> **本章のねらい**　　終章では、2011年〜2015年にわたって、ロサンゼルスにおける新日系移民を対象に行ったエスノグラフィの知見をまとめた。全体を通じて、トランスナショナリズムとグローバル化に関わる新一世のライフスタイルを検証し、新二世のための子育てや教育計画を聞き取ることおよび、日本語学校の教師助手として第一線での実践の観察を通じて、新二世への教育に対する基礎知識を提供している。教育というキーワードを基に、参与観察とインタビューを新一世、新二世に実施したことにより、多様な教育ストラテジーの存在、グローバル化の影響による文化継承の意味と日本との関わりの存在を把握した。その意味では、新一世・新二世は、旧移民時代とは異なる多様な教育ストラテジーを選択できることが知見として得られた。

はじめに

　終章では、エスノグラフィ研究を通じて得た知見について先行研究と照合しながら提示する。

　米国における新日系移民研究は、統計的には日本人永住者というカテゴリーは存在するが新日系移民の明確な分類が簡単ではなく、なかには一時的滞在者が長期化する場合もあり、実態が見えにくいことを前提としなければならない。人によっては、長期滞在日本人、日系アメリカ人、新一世と回答する場合の状況も一定ではなく、複雑である。旧日系移民のような「県人会」

が公的ネットワークとして機能しているわけでないこともあるせいか、十分な注目を浴びていないこともあり、研究蓄積は少ない。そのような状況において、特に新日系移民コミュニティを特定し、新一世に対する正確な検証結果を示すため、本研究はまずこのグループの定義やメンバーの特徴を検討し、次に簡潔にこのグループの定義を複雑化している要因である多様性を検証した。用語としての新一世、新二世は簡潔であり、米国における「新しい第一世代」「新しい第二世代」を意味しているが、実際の意味は大変曖昧で、集団を構成している各々に個人レベルで当てはめようとする際に、様々な解釈の可能性が含まれてしまう。

本書においても、「新一世」「新日系移民」「新日系移住者」というような複数の用語を文脈に応じて使用しているのはこうした理由によるものである。

1　グローバル化とトランスナショナリズム、日系コミュニティの役割

新日系移民に対する長いフィールド研究の過程を通して、米国における新日系移民の出現は、グローバル化とトランスナショナリズムの流れに大きく影響されていることが知見として得られた。新日系移住者が米国に渡米・滞在する理由は、このような流れがもたらしたグローバル・ネットワークに直結するケースは珍しくなく、企業の一時的滞在者、起業家、研究者など職業に従事している人々が代表的なケースである。また、留学生やなんとなく渡米して結果的に現地で仕事を見つけた永住者もグローバル化やトランスナショナリズムが進捗した結果にも影響されている。

文献調査と実際のフィールド調査を通じて知り合った多種多様な「新一世」に対する分析を通じて、現代のコンテクストが新一世と1900年代初頭に渡米した旧一世とを明確に区別できる要因には、グローバル化やトランスナショナリズムといった理論的背景があることにも気づいたことも大きかった。

米国の移民に関する法律改正の影響で、新旧二つの日本人移民グループは時代のコンテクストにおいて大きな隔たりが生じ、違いは明確にされている。そのため、新日系移民は、長くて豊富な歴史を持つ早期の日系アメリカ人の

カテゴリーに分類することができない。実際、先行研究の大半は日系アメリカ人に対するものであり、新日系移民に向けるまなざしは少数であった。やはり分類することの複雑性と難しさが影響しているとも推察できる。

　米国社会が移民を受け入れる状況や、日本人が渡米し、移住する状況も劇的に変わっている。現代のトランスナショナリズム、グローバル化、そして技術の進歩によって、新日系移住者は米国に住みながら、日本の文化、ニュース、ライフスタイルなどに容易にアクセスできるようになった。これにより、彼・彼女たちのケースは伝統的な移民に関する理論的枠組みを超越しているともいえる。まさに、グローバル化やトランスナショナリズムにより、中間層に帰属する人々の移動が容易になったからでもある。貧しい国から裕福な国への移住というかつて理論化されていた移住パターンや、同化を社会経済的地位上昇への不可避の望ましい手段と定義したモデルは必ずしも当てはまらない。相当数の新日系移住者が米国に長期間滞在しており、当初は帰国する予定であったが、滞在期間が長引くと、不本意ながら永住する者もいる。

　グローバル化とトランスナショナリズムが日常生活において進展すればするほど、インフォーメーションの伝達や文化の交流が加速度的に普及することが確認できた。100年前の日本から見た米国は、地理的にも文化的にも果てしなく遠いところだと考えられたが、現代の新日系移民は、簡単に両国を行き来できる。さらに、コスモポリタンなライフスタイルが可能になった現在では、米国文化と米国社会への同化を控えることもできる。逆に、日本を離れているにもかかわらず、新一世の間にトランスナショナリズムが顕著に現れ、日本人移民コミュニティとコミュニティの施設で社会関係を築き、子供に流暢な日本語と日本文化への理解を身につけさせながら育てるなどの現象も見られる。多くの面において新一世は、新しい移住パターンとライフスタイルを代表する存在である。これを可能にしたのは、他でもなく現代のコンテクストである。

　このように米国における新日系移民とその存在には、グローバル化とトランスナショナリズムという今日の動向が大きく影響していることは明らかである。周知のことであるが、彼らが米国に滞在する理由は、グローバル化と

トランスナショナリズムの影響を受けるグローバル・ネットワークが直接関係している。企業駐在員にしても、起業家、研究者、その他様々な職業にしても同様である。現代のトランスナショナリズム、グローバル化、技術進歩のおかげで年代を問わず新一世は米国に住んでいても、日本の文化やニュースにアクセスでき、日本のライフスタイルで生活できる。このことは、特に日系コミュニティにおけるエスニック施設の役割が大きい。日系スーパーマーケットでのエスノグラフィ研究で明らかにしたように、ほとんど時差なく入手できる日本の加工食品や、日本式形態による生鮮食料品により、人間にとって不可欠な食を通した日本のライフスタイルや食文化を保持することが可能となっているのである。そして、そうしたスーパーマーケットに通うことで、成人にとっては日本人のアイデンティティを保持することにもつながり、若年層の新二世にとっては日本人アイデンティティを形成していく教育的役割さえ担っている。

家庭外ではアメリカのライフスタイルに触れるが、新一世の家庭生活や仲間づきあいは日本のライフスタイルで行われることが多い。筆者がインタビューした人たちと同じく、日本人としてトランスナショナルなアイデンティティを選ぶという態度は、筆者の研究に限らず先行研究でも確認されている (Nukaga, 2008a; Yasuike, 2005)。筆者がインタビューした新一世は自らの意志で渡米し、米国に数十年間住んでいても、自分を米国人と認識していないどころか移民とも位置づけていない。むしろ、トランスナショナルな日本人アイデンティティを身につけ、それゆえ、主流の米国文化や米国社会に同化していない。強固な日本人コミュニティが存在しており、そこで日本文化を味わい日本語を使用し、新一世同士の仲間集団にアクセスできるので、新一世は米国に住んでいても日本的なライフスタイルと、自分の家庭を日本的な空間として保持する事が可能であると思える。

日常生活でグローバル化とトランスナショナリズムが広がれば広がるほど、情報の伝達や文化交流の加速化と拡大化が進展するという構図である。1世紀前には日本と米国は地理的にも文化的にも遠く離れていると思われていたが、今では日本人移住者は両国間を容易に越境できるわけだ。さらに、今や

終　章　まとめと課題　179

コスモポリタンなライフスタイルの維持も可能であり、アメリカ文化やアメリカ社会に同化しなくてもよい。トランスナショナリズムは新一世にも明確に反映され、彼らは日本を離れたにもかかわらず、日本人のコミュニティやインフラの枠内で交流し、子供が日本語を話し日本文化に親しめるような子育てをしている。今日、グローバル化は世界中に広がっており、移住して海外に住んでも、母国の文化や生活様式を断ち切る必要はない。新一世は多くの点で、現代だから可能となった新しい形態の移住パターンやライフスタイルを提示している。

　実際、新日系移民に限らず昔ながらの厳格な移民や同化の範疇で収まらない他の移民グループも登場しつつある。そうしたグループは、複数国を移動するトランスナショナルな移動を前提としている新しいタイプのトランスナショナル移住者である。本研究は、グローバル化とトランスナショナリズムがますます進展する将来に備え、厳密な意味でのかつての移住・同化パターンをとらないこうしたトランスナショナルな移住集団にもいずれ適用できるであろう。

2　新一世の教育ストラテジーとネットワーク

　本研究では、旧日系移民との比較を通して、時代の変遷で人の移動が大きく変化し、グローバル化とトランスナショナリズムがいかに新しい移住者のパターンと生活様式を創造しているかを検証してきた。また、本研究は、新一世コミュニティの中における多種多様なサブ集団が存在することを明らかにしただけでなく、集団によって教育ストラテジーが異なる事実も提示した。新一世の親もその子供である新二世にとって、日本語教育や日本文化を伝承するというエスニック教育は簡単ではなく、現地校と日本語学校という二つの教育を両立させる困難さがあることはいうまでもない。終章では、再度そうした新一世の親の教育ストラテジーをまとめてみる。

　新一世の親たちへの教育観について聞き取り調査をしているうちに、大半の親は日本語習得に関するエピソードに焦点を当てて語ることに気がつい

た。新一世の親のほとんどは子供を日本の大学に進学させようとは考えておらず、米国の大学に進学することが当然と捉えている。その意味では、額賀（2013）の企業等からの派遣による一時的滞在者家族が日本での「進学」を視野に入れた教育戦略を立て、現地校に加えて補習校、塾等での学習に力を注いでいる状況とは異なっている。母親たちの大半は、米国生まれの子供に日本語を教えるうえで「日本の教育 TV 番組を見せる」「日本の児童書の読み聞かせ」「日系コミュニティの文化イベントに参加し日本の文化に親しませる」等様々な方法を駆使したと語っている。その際の教育ストラテジーは子供の年齢と就学という観点から見ると 2 段階で変化している。

1．就学前教育ストラテジー

　非日本人の夫と結婚した新一世である A 氏（第 7 章既出）は、「多様な人種・民族から成り立っている米国社会において日本語を習得することは、アイデンティティ、誇り、そして日本人としての自覚を保持するための手段」と位置づけたうえで、「子育てを終えた新一世の母親から、赤ちゃんの頃からできるだけ多くの日本語で話しかけることというアドバイスを受けた。英語は、自然に家庭外で覚えるので、早い段階から日本語の環境に身を置き、たくさんの日本語を聞くのが大事だと言われた。夫は日本語がわからないので、私が子供に日本語を使わなかったら、日本語は上達しない。息子に日本語で話しかけられるのは家庭では私一人なので、どんな時でも日本語で話すと決意し、今に至るまでそうしている」と語ってくれた。また、A 氏だけではなく国際結婚をした M 氏も強調したことは、日本にいる祖父母との日本語でのコミュニケーションを可能にすることで、日本人としてのアイデンティティを醸成し、日本文化を継承することになるという見方を示した。彼女たちは「そうした責任を感じていた」と形容した。両者ともに日本の祖父母から児童書、音楽、ビデオなどが定期的に送付されたことが日本語学習や日本文化の理解と継承に役立ったと語った。

　母親が行う幼児段階からの日本語教育は言語と文化とをセットにして行われている。図書、ビデオ、唱歌などのメディアを見たり聞いたりすることで、

子供は日本文化に対する親しみの感情を持つようになる。新一世の親は、就学前が最も効率の良い段階とみなし、家庭内を中心として日本語を学習する環境を形成し、その後に子供が高いレベルの日本語教育を受けることを可能にする基盤を築いている。

2．小学校・中学校段階での教育ストラテジー

　就学前での日本語教育は、家庭内で主に新一世の母親が全面的に担うのに対し、小学校段階からは初めて家庭外の学校教育がその役割を担うことになる。聞き取り調査に参加した新一世の母親の大多数が土曜日の日本語学校と少数が補習校に子供を通わせていた。新一世の母親にとって、小学校段階での日本語学校は、子供にとって日本語を学ぶ場所だけでなく、日本のヘリテージを持つ他の子供と触れ合ったりする重要な場所であると位置づけていた。就学前年齢と比べて、日本語学校に通う子は、平日に通う現地校での宿題やスポーツなど課外活動に時間をとられることも増え、時間管理も大変になる。そのような環境において、新一世の親にとって、新一世の親同士で子供の教育の方向性について話し合うことや、情報交換をする場所として、土曜日の日本語学校は極めて重要となる。また、子供が小学校高学年に達すると、日本語学校での宿題を手伝うことが急速に求められるようになる。学習内容が高度になると先述したように現地校の学習も大変になるからである。その意味で、新一世の親たちはサポートし合いながら、子供の宿題を手伝う、日本語での宿題を手伝う家庭教師を共同で頼むなどのストラテジーを取るのもこの段階からである。

　中学校段階になると、さらに現地校との学習の両立との困難さから、新一世の親は日本語の学習を続けさせるか、それとも現地校の学習に専念させるかについて大きな判断を迫られることが多くなる。この段階では、多くの新一世の親たちは、子供の負担を軽減するように日本語学校の教師との話し合いをする、あるいは親同志で悩みを共有するなどのネットワークを強化するようになる。

　多くの新一世の母親は、子供の土曜日の日本語学校を通したネットワーク

を持っている。大多数の母親たちは、その頻度は様々であるが、誰かの家で雑談会、交流会を開き、電話やメールでのコミュニケーションを欠かさない。話題の中心は、子育てに関する情報の交換と現地校と日本語学校の両立など、子供に関する教育、日本の最新の情報の交換である。こうした子供を中心とするネットワークの構築と情報の交換は、新一世の母親の支援としても機能している。この機能について、B氏（第7章既出）は「子供が小学生の頃、主人は仕事が忙しく昼間ほとんどいなかった。学校関係でわからないことが多く、英語で米国人の母親に聞くのは気まずかったので、日本人の母親か日本語が話せる人を探して、必要な知識、助言を得た」と語り、S氏（第7章既出）も同意した。多くの新一世の母親は、母親同士が日本語で交流できる短い時間を利用し、積極的に助け合う支援について説明した。国際結婚や新一世同士の家庭に限らず、聞き取り調査の対象者は夫が一様に仕事で忙しく、子育てと子供の学校関係に関してはその支援を受けることができなかったと語り、それを補ったのが母親同士のネットワークであると説明した。当初は、新一世のみならず企業の一時的滞在者家族の母親たちともネットワークを構築していたものの、時間の経過に従い、帰国後の教育ストラテジーを主とする駐在員家族の母親グループと米国での教育を主としつつ、日本語と文化のヘリテージを教育ストラテジーに置く新一世の母親グループにネットワークが分化していくことも語りから把握することができた。

3　新二世の視点からの日本語・文化学習とアイデンティティ形成

　さて、日本語学校および新一世の親が採用した子育てストラテジーの成果を測る重要な基準の一つは、新二世が成人後あるいは大学生になってどのように自らを日本と日本文化との関係に位置づけるかと考えられる。日本語学校での参与観察を通じて出会った新二世の子供たちは、まだ曖昧な日本に関するアイデンティティしか持っていなかった。コンドウ‐ブラウンはある言語や文化のヘリテージを持つ学生は、自らのルーツである言語を獲得することに消極的ではなく、バイリンガル学生の大多数は大学時代にヘリテージ言

語に対する興味が増えたという調査結果を示している（2001, 433-459）。聞き取り調査結果からもコンドウ - ブラウンの研究結果と一致する知見が得られた。

　筆者が出会った家族の中で、すでにアメリカに恒久的に住むと決めていながら、日本とのつながりを強く維持しようとする家庭は少なくない。このつながりは、自分自身のためだけでなく、日本語教育を通じて第二世代の子供にも与えている。

　本研究では、トランスナショナリズムとグローバル化に関わる新一世のライフスタイルを検証し、新二世のための子育てや教育計画を聞き取り、日本語学校の教師助手として第一線でその実践を観察し、新二世教育に対する堅実な基礎知識を提供した。本研究の最後の部分は、これらの行動や決定は、教育成果としてどのように成人した新二世に反映されたかに対する理解を与えることである。インタビューを通して検証できたことは、若年期により日本語と日本文化に対する積極的な接触を行い興味を持つことは、成人期に文化接触が継続することを示す有力な指標である。また、成人した新二世は、自らの日本とのつながりを自覚しており、誇りに思っている。同時に、自分とアメリカ化された日系人の友人との差異を明確に区別している。タカハシ（Takahashi, 1998）は、旧日系アメリカ人に対する理解とは違い、日本語が話せて、日本文化につながりを持つ新一世や新二世は、アメリカ化された移民より高い文化的ステータスが付与されていると説明している。このような視点から見ると、日本のヘリテージの発展や維持は、グローバル化が進んだ昨今において、世界市民としての社会経済的価値を高めることにつながる。日本と米国の両方の教育を身につけるという厳しい状況に苦労したものの、インタビュー対象者はみな自分が日本のヘリテージに触れたことを評価し、自分にとっての資産であり、将来のキャリアに向けての社会文化的強みだとみなしている。

4　新一世の親の教育ストラテジーの考察と残された課題

　グローバル化とトランスナショナリズムは現代の移住と新一世家族のライ

フスタイルや教育ストラテジーにも密接に関与していることが明らかになった。

　聞き取り調査への参加者の新一世のほぼ全てが休暇中に長期間家族で日本に帰国するか、あるいは少なくとも年1回は日本の家族に会いにおとずれていた。彼・彼女たちの会話からは母国や日本の文化的アイデンティティと断絶していない様相が浮かびあがった。調査に参加した新一世は中間層に属し、毎年帰国できるだけの経済的余裕があったことも関係しているかもしれないが、新一世は、米国に移住して以来、むしろ日本人としてのアイデンティティを強める活動に意図的に関わっているのではないか。米国に戻ってからも、新一世は家族や友人とのつながりを、国境を越えて保ち、普段から日本の家族や友人とも電子メールやライン、SNSなどの新情報手段を通じて連絡を絶やさない。グローバル化による交通手段のネットワーク化により長距離の移動がより容易になり、コミュニケーションに手軽に利用できる通信手段技術が提供可能になったことが、新一世家族のトランスナショナルな意識を醸成しかつ維持に寄与していることが確認できた。

　新一世の親たちの日本とのつながりや日本的なライフスタイルの強化を維持するうえで、日系コミュニティの存在は大きい。多くの参加者が「日系スーパーや日本語学校が位置する日系コミュニティを定期的に訪れ、DVDや本、漫画を入手し、日本食レストランで食事をし、日系スーパーで食品を購入する。そうすることで子供も日本とのつながりを意識し、かつポップカルチャーなど親しみやすい日本の文化情報にも乗り遅れない」と指摘した。

　新一世の親、主に母親たちの聞き取り調査から把握した教育ストラテジーは、米国での教育を主体としながらも、ヘリテージとしての日本語および日本文化の学習に置かれていた。ヘリテージとしての日本語や日本文化という見方に重点を置かない企業関係者家族グループとは教育ストラテジーが異なり、日系コミュニティの中で当初は同じ子育てネットワークに参加していても、次第に分化していくことも知見として示した通りである。

　それでは、新一世の教育ストラテジーは新二世にどのように反映されているのだろうか。グローバル化の進展における情報化社会になったとはいえ、

新二世の子供たちは、やはり二つの言語と文化的価値観に挟まれ、特に、現地校と日本語学校の両立に関しては大変な苦労を経験している。しかし、聞き取り調査に参加した大半の新二世が、「苦労があるからこそ、日本語と日本文化を継承する意味を大学生になってからより認識した」と答えている。しかし、今回筆者の聞き取り調査に参加した新二世は大学の日本関連の授業を履修している学生たちと大学卒業後に日本関連の仕事に関わっている成人から構成されていた。全員が、日系第四・五世とは異なる自分ということを強く意識していたが、日本語学習を途中で放棄する新二世も少なくないだろう。新一世A氏は「長男は日本語・日本文化を継承できたが、次男は早くから放棄し、日本語はほとんどできないし、日本文化にもあまり興味がない」と語っていた。トムリンソンは、グローバル化は移民のアイデンティティをより複雑で重層的なものにしていると主張している（2003, 269-270）。本研究に残された課題として今後は、新一世の親による同様の教育ストラテジーの下で育ったにもかかわらず、日本語・日本文化が継承されていない新二世グループに分化していく過程を明らかにすることが必要であろう。

5　本研究全体を通しての課題

　本研究は、予備調査を含めると2011年から2015年にわたって、ロサンゼルスにおける新日系移民を対象に行ったエスノグラフィである。特に、フィールドワークの範囲はソーテル地域を中心に行われた。このような制約を設けることで、本研究は今日のそこで暮らす新一世のライフスタイルや教育ストラテジーに関する詳細な像を描くことができたが、広い地域性や世代性を検証することはできなかった。その意味では、「新一世」の全体像を示すことはできていない。そこで、可能な限り先行研究から知見を把握することを試みた。その先行研究による新一世の時代区分による分類は、本研究で捉えきれなかった細部における差異を見分けることの一助にもなるだろう。先行研究による他の場所でのサンプリングは、より広い地域や全国範囲をカバーしていることから、本研究が実証しきれなかった全体的な新一世による教育ス

トラテジーやパターンの把握につながるのではないだろうか。

　新日系移民は多様性に富むグループであることから、様々なケースを収集して、この点を論証しようとした。インタビューの範囲は、新一世に限らず、米国における日本企業の一時的滞在者、一時的訪問者なども含まれた。それでも、新日系コミュニティを構成している多様性集団の特徴を把握し、示すことができたとは言い難い。本研究で論証したように、米国に滞在する目的は、新一世のライフスタイルおよび新二世の子供への教育の選択に極めて重大な影響をもたらしている。この点において、本研究で取り上げたソーテル地域は、他のカリフォルニア州の地域や米国の他の地域と大きく異なる可能性はある。たとえば、ソーテルの日本語学校での調査は、日本人親が一人しかいないという国際結婚のケースに重点を置いているというサンプル上のバイアスがかかっていることは否めない。企業の一時的滞在者向けのコミュニティにも補習校が存在するが、いつか日本へ帰国する子供を対象にデザインしたカリキュラムと教育手法は、ソーテルの日本語学校のものとは大きく異なっている。こうした対象とした学校からもたらされる差異を検証するためにも、他の地域でも研究を行う必要があり、ある傾向性はその地域独自のものなのか、それとも新一世全員に共通する事象であるのかを検証することが不可欠である。

　新一世集団を在米期間別に分類すれば、本研究では捉えきれなかった傾向が見えてくるかもしれない。また、より広範な地域レベルでの新一世のパターンを一般化した形で解明するためにも、ロサンゼルス以外の場所でも調査を行い、対象者を拡大することも不可欠と思われる。

　本研究は、方法論の面では質的調査の手法に頼るところが大きかった。質的調査法でしか獲得できない新一世と新二世のエスニック教育における細部にわたる経験を浮き彫りにしようとした。ソーテルのコミュニティとの関係構築、フィールドでの参与観察を通した質的調査、オーラル・ヒストリー手法を取り入れたインタビュー調査が基本である。インタビューを行うのは、極めて時間がかかるプロセスである。この質的分析は、ライフスタイルや教育ストラテジーの決定に影響を与える要因の把握、そして新一世や新二世の

日本的アイデンティティの保持と形成に至る過程の解明にも有益であった。しかし、一人の研究者が、限られた時間で広範囲にわたり大規模な研究を行うのは、現実的ではないと考える。将来、質的調査にもとづく、サンプリングとプロフィーリング手法を用いて、他地域の様々なケースを予測することは可能かもしれないが、社会学で重要な要素の一つである一般化には無理がある。今後は、質的調査によって不十分である一般化を埋める作業が必要であろう。

付　録

1　インタビュー手順
日本語による質問項目及び質問の英語訳

　注意事項：インタビューの際の基本となる質問のいくつかは事前に作成されたが、実際にインタビューが行われた際に、対象者が話しやすい自然な流れに沿うように、質問の内容や順番は変更されることはあった。対象者の状況に応じて、基本的な質問に該当しない場合もあった。インタビューを行う前、あるいは最中に質問内容を一部変更したり、省略したりするなど、ケースバイケースの対応をした。質問を追加することもあった。インタビュー対象者からより豊富で立ち入った情報を聞き出すため、それぞれの対象者のケースを考慮し、事前に細心の注意を払い質問内容の変更を行った。信頼関係を築き、家族や個人の歴史についてよりよく理解するため、対象者の中の何名かに複数回面会したこともある。

　以下は基本的な変更を加える前の質問項目である。

■新一世の親を対象とする質問項目

1. 米国に来た経緯（理由）を教えてください。
    Please explain the reason why you came to the United States.

2. 家族の構成を教えてください。もしお子さんがいらっしゃる場合はおいくつですか？

Please tell me about the members of your family. If you have children, how old are they?

3. お子さんを米国で育てる中、特に何に注意を払いましたか？

While raising your children in the United States, what things did you pay attention to?

4. お子さんを育てる際に、日本と米国の両文化についてどのように意識し、育てましたか？何か日米間の両文化面で意識したことはありましたか？

While raising your children, how did you perceive Japanese and the United States culture? Did you possess a specific mindset or understanding of American and Japanese culture?

5. お子さんが学校、主に小学校に入学するまでに何か気にかけていたことはありますか？

Before your children entered an elementary school, were there any things you paid attention in particular?

6. お子さんは米国で日本語学校に通われましたか？

Did your children go to a Japanese school on weekends?

7. もし行かれたのであれば、どのような日本語学校でしたか？日本語学校について教えて下さい。

If your children went to a Japanese school, would you mind telling the name and what type of school it was?

8. 平日の現地校と週末の日本語学校にお子さんが通う際、何か工夫されたことはありますか？

While your children went to an American school on weekdays and a Japanese school on weekends, were there any things you paid attention to?

9. 日本語学校に通うようになってお子さんに何か変化はありましたか？
   After your children started going to a Japanese school, were there any changes and developments? If so, would you mind telling me what they were?

10. 日本語学校は何年生まで通いましたか？今も通っていますか？
    How long did your children attend a Japanese school? Are they still attending?

11. 日本語学校もしくは補習校に通われてからお子様の日本、日本人、日本文化への考え方には変化がありましたか？
    After going to a Japanese school, do you think your children's views of Japan, and Japanese language and culture changed?

12. 日本語学校・補習校に通わせる以外に日本語を教えるにあたって何か工夫されたことはありますか？
    Besides having your children attended a Japanese language or a supplementary school, were there any things you yourself elaborated on in order to teach Japanese?

13. もしお子さんが大学在籍、または大学を卒業されたのであれば、子育てを振り返って日本語習得、日本の教育についてどう思いますか？
    If your children are currently enrolled in an undergraduate program or have graduated a college, how do you view your experiences raising children and educating them in Japanese language?

14. 米国での子育て、特に教育面を振り返ってみて日本語学校、日本人学校・補習校に行かせてよかったと思いますか？子育てをしている最中と終えてからの感想はどのようなものですか？

Looking back your experience raising your children in the United States, how do you feel about your educational focus on Japanese language and Japanese schooling? Overall, do you think it was the right choice, after being able to see the outcome? Do you think there is a difference in your educational understanding of Japanese language and Japanese culture, during and after finishing you finished raising your children?

15. お子さんと親子さん自身は二つの文化の中で育ちながらどのようにアイデンティティの構築、または保持しましたか？

While living in the United States, how did you create and maintain an American and Japanese identity for yourself and your children?

16. 米国に住む中で他の日本人の人とネットワークはありましたか？もしあった場合どのような情報、ネットワーキングでしたか？

While living in the United States, did you have any kind of network with other Japanese people? If so, what kind of information was shared and how did you use that network?

■新二世の成人を対象とする質問項目

　　以下は、新二世の成人とのインタビューを行う際に用いた基本質問項目である。質問は、対象者の日本とアメリカそれぞれに対するアイデンティフィケーション、日本語補習教育に対する感想を評価するためにデザインされている。

1. 生まれは米国か日本ですか？それとも他の国ですか？

Where were you born in the United States or Japan or other country?

2. 家族の構成を教えてください。

Please tell me about the members of your family.

3. 両親は日本から来た日本人ですか？それとも片方が日本人ですか？

Are your Japanese parents from Japan? Is one side of your parents Japanese?

4. 両親が日本語を喋れる場合、記憶にあるところからでいいのでどのように日本語を教えてもらいましたか？

If your parents can speak Japanese, would you mind sharing how your Japanese parents taught you how to speak Japanese?

5. 日本人の両親に育ててもらう中で、何か両親が日本・日本語に関して工夫しているところはあったと思いますか？

While you were being raised by your Japanese parents, were there any specific points or strategies your parents paid attention regarding teaching Japanese?

6. 日本語はどのようにして学んだと思いますか？

Please tell me about how you learned Japanese?

7. 米国で育っている過程で、常に日本と日本語を学ぶことについて考えたことはありますか？

Could you please tell me how you felt about learning Japanese and about Japan while you were growing up?

8. 日本語学校には通いましたか？もし通っていたのであれば、学校についての意見や感想などについて教えて下さい。

Did you go to a Japanese school, such as cram or weekend school? If you went, would you mind sharing your thoughts and experiences?

9. もし日本人学校に通っていたのであればどのような所だったと思いますか？日本語学校に通ったことは日本語を学ぶ以外に何か影響することはありましたか？

   If you went to a Japanese school, what kind of place and atmosphere did it look like? If your Japanese school was a place you learned more than Japanese language, would you mind sharing what other impact the school for you?

10. 米国の学校と日本語学校の違いについて教えてください。

    Would you mind sharing some of your thoughts on the differences between your American school and your Japanese school?

11. 日本語学校で知り合った友達とは主に日本語か英語どちらで喋っていましたか？

    Did you speak Japanese or English to your Japanese school friends?

12. 日本語を喋っていた場合、あなたにとって米国にいて日本語を使うとはどのような意味合いがありましたか？

    If you spoke Japanese to your Japanese school friends, was there any meaning behind speaking Japanese to them?

13. 日本語を学ぶにつれて日本に対しての気持ちなどに変化はありましたか？

    Did learning Japanese have any influence on your understanding to Japan? Can you describe that influence?

14. 米国で育ち、日本も学校を通して触れ、自分にとって米国と日本という二つの国はどのような所だとおもいますか？

    Please share your thoughts on how you view Japan and the United States? For example, despite being raised in the United States, you went to an American and a

Japanese school and maybe you gained a familiarity to both countries.

15. 日本語学校を経験したあと、日本について更に学びたい、日本に留学をしてみたいと考えたことはありますか？

    After experiencing a Japanese school, have you ever planned or desired to study or travel to Japan, in order to learn more in-depth about Japan?

16. 米国の大学に在籍中、日本について触れるサークルやイベントなどには参加したことがありますか？参加した場合、そこでの経験について教えてください。

    While you attended or were attending in the college in the United States, did you had any chance to be exposed to some events or association that were related to Japan? If you participated in, please share some of your thoughts, experiences and background.

2　インタビュー目録

表付—1　Aマーケット　インタビュー目録

名前	T
年齢	三十代
日付と時間	2013年1月15日　午後 3:00
長さ	45分
場所	Nフードコート
職業	日本語教師
在米年数	13年
日本との関係	第一世代新日系移民。年に一度、日本へ帰省

名前	S
年齢	二十代
日付と時間	2013年1月23日　午後 6:30
長さ	25分
場所	喫茶店
職業	大学院生
在米年数	生まれてから
日本との関係	第二世代新日系移民。日本人母親と非日本人父親

名前	E
年齢	四十代
日付と時間	2013年1月27日　午後 3:00
長さ	31分
場所	Nフードコート
職業	日本語教師
在米年数	21年
日本との関係	第一世代新日系移民。留学のために渡米。八年以上日本へ帰省していない

名前	C
年齢	七十代
日付と時間	2013年2月2日　午後 5:20
長さ	40分　訪問と観察

場所	Nマーケット内
職業	N従業員
在米年数	50年以上
日本との関係	日系アメリカ人二世。十年以上日本での生活経験あり

名前	J
年齢	二十代
日付と時間	2013年2月15日　午後3:00
長さ	一時間
場所	UCLAキャンパス、Mooreホール近辺
職業	大学院生
在米年数	生まれてから
日本との関係	日本人ではないが、日本で二年間仕事経験あり。日本語及び日本史のクラスを履修

(出典：筆者作成)

表付―2　インタビュー対象者がAマーケットに訪れる頻度

名前・頻度	ほぼ毎日	週に少なくとも一回	月に少なくとも一回
T		1	
S			1
E	1		
C（従業員）	1		
J			1
計	2	1	2

(出典：筆者作成)

表付―3　聞き取り対象者の内訳（表7―1再掲）

聞き取り対象者の背景					
回答者名	年齢	性別	子どもの有無	ステータス	職業
A	50代	女	息子2人	新一世　国際結婚	専業主婦
M	50代	女	娘2人	新一世　国際結婚	パートタイムにも従事
B	50代	女	息子2人	一時的滞在者から永住者に変更	専業主婦
S	40代	女	娘1人	新一世	パートタイムにも従事
D	40代	女	息子2人	新一世　国際結婚	パートタイムにも従事

(出典：筆者作成)

表付—4　聞き取り対象者の内訳（表8—1再掲）

聞き取り対象者・新一世と新二世（ミレニアル世代）

			聞き取り対象者の背景	
回答者名	年齢	性別	ステータス	職業
S	20代	女	新一世、ミレニアル世代	大学院を卒業しアメリカに在住
D	30代	女	新一世　国際結婚	高校卒業後にアメリカ、専業主婦
L	30代	男	新一世	研究者から新一世
M	30代	男	新一世	研究者から新一世
B	50代	女	新一世　駐在員から永住組	パートタイムにも従事
C	30代	女	新一世	専業主婦
Y	20代	女	新二世	学生
F	20代	女	新二世	学生

（出典：筆者作成）

3 写真

ソーテルにある日本人スーパーマーケットの外観と内観

日本人スーパーマーケットが入っているモール風景

ソーテルにある日本人学校

ソーテルにある日本人学校の外観と授業風景

ベニスにある日本人スーパーマーケットの外観と内観

参考文献

日本語文献

足立伸子編著(2008).『ジャパニーズ・ディアスポラ』吉田正紀・伊藤正俊訳, 新泉社.
伊佐雅子(2000).『女性の帰国適応問題の研究―異文化需要と帰国適応問題の実証的研究』多賀出版.
伊豫谷登士翁(2001).『グローバリゼーションと移民』有信堂高文社.
伊豫谷登士翁編著(2013).『移動という経験:日本における「移民」研究の課題』有信堂高文社.
岩内亮一、門脇厚司、阿部悦生、陣内靖彦(1992).『海外日系企業と人的資源―現地経営と駐在員の生活』同文館.
岩崎信彦、ケリ・ビーチ、宮島喬、ロジャー・グッドマン、油井清光編著(2003).『海外における日本人、日本のなかの外国人:グローバルな移民流動とエスノスケープ』昭和堂.
岩間浩(1992).『小さな大使の異文化体験』学苑社.
江原裕美編著(2011).『国際移動と教育:東アジアと欧米諸国の国際移民をめぐる現状と課題』明石書店.
外務省領事局政策課. 2002-2014.『在留邦人数調査統計』平成14年～平成26年.
梶田孝道編著(2001).『国際化とアイデンティティ』ミネルヴァ書房.
北沢毅、古賀正義編著(1999).『社会を読み解く技法:質的調査法への招待』福村出版.
倉田和四生(1997).『北米都市におけるエスニック・マイノリティ:他民族社会の構造と変動』ミネルヴァ書房.
児島明(2006).『ニューカマーの子どもと学校文化―日系ブラジル人生徒の教育エスノグラフィー』勁草書房.
小島勝編著(2008).『異文化間教育学の研究』ナカニシヤ出版.
近藤薫子(2008).「ロンドン駐在家庭における子供むけグローバルメディア」『メディアコミュニケーション研究所紀要』58:19-30
賽漢卓娜(2014).「国際結婚した中国出身母親の教育戦略とその変容―子どもの成長段階による比較―」『異文化間教育』39:15-32.
佐藤郁哉(2002).『フィールドワークの技法:問いを育てる、仮説をきたえる』新曜社.
佐藤郡衛、片岡裕子編著(2008).『アメリカで育つ日本の子どもたち―バイリンガ

ルの光と影―』明石書店.
渋谷真樹(2001). 『「帰国子女」の位置取りの政治―帰国子女教育学級の差異のエスノグラフィー』勁草書房.
渋谷真樹(2007). 「海外で日本語を学ぶ日本の子どもたちのアイデンティティ―ある日本語学校の取り組みから―」『心と文化』6(1):26-34.
渋谷真樹(2010). 「国際結婚家庭の日本語継承を支える語り―スイスの日本語学校における長期学習者と母親への聞き取り調査から―」『母語・継承語・バイリンガル教育(MHB)研究』6:96-111.
渋谷真樹(2014). 「「国際結婚」女性の子育て―移動と言語を中心に―」『異文化間教育』39:1-14.
杉村美紀編著(2017). 『移動する人々と国民国家:ポスト・グローバル化時代における市民社会の変容』明石書店.
鈴木一代(2011). 「日系国際児の文化間移動と言語・文化・文化的アイデンティティ」『埼玉学園大学紀要　人間学部篇』12:79-92.
戴エイカ(1999). 『多文化主義とディアスポラ―Voices from San Francisco』明石書店.
竹沢泰子(1994). 『日系アメリカ人のエスニシティ』東京大学出版会.
武田美知(2013). 『グローバリゼーションと子どもの社会化―帰国子女・ダブルスの国際移動と多文化共生―』学文社.
武田美知(2008). 「海外在住の国際結婚から生まれた子どものアイデンティティー形成に与える影響要因―国際結婚を考える会の場合―」『生活科学論叢』39:21-33.
知念聖美(2008). 「二言語で育つ子どものアイデンティティ」佐藤郡衛・片岡裕子編『アメリカで育つ日本の子どもたち』明石書店:172-190.
陳天璽(2001). 『華人ディアスポラ:華商のネットワークとアイデンティティ』明石書店.
手塚千鶴子(2014). 「「国際結婚」女性の子育て―異文化間心理学の視点から―」『異文化間教育』39:65-78.
時田朋子(2011). 「国際結婚家庭における子どもへの言語伝達―バンクーバー在住の日本語母語話者の場合―」『カナダ教育研究』9:45-51.
額賀美紗子(2003). 「アメリカの多文化教育における教師のストラテジー―「英語を母語としない児童」を対象にして」『異文化間教育』17:78-86.
額賀美紗子(2013). 『越境する日本人家族と教育「グローバル型能力」育成の葛藤』勁草書房.
花井理香(2014). 「国際結婚家庭の言語選択と社会的要因―韓日国際結婚家庭の日本語の継承を中心として―」『異文化間教育』39:51-64.
ヒラバヤシ、レイン・リョウ、キクムラ=ヤノ、アケミ、ヒラバヤシ、ジェイムズ・A編著(2006). 『日系人とグローバリゼーション:北米、南米、日本』移民研究会訳、人文書院.

ホルスタイン，ジェイムズ、グブリアム，ジェイバー（2004）.『アクティブ・インタビュー』山田富秋他訳、せりか書房.
ポルテス，アレハンドロ、ルンバウト，ルベン（2014）.『現代アメリカ移民第二世代の研究：移民排斥と同化主義に変わる「第三の道」』村井忠政訳、明石書店.
ホーン川嶋瑤子（2018）.『アメリカの社会変革』ちくま新書.
町村敬志（1999）.『越境者たちのロスアンジェルス』平凡社.
御厨貴（2007）.『オーラル・ヒストリー入門』岩波テキストブックス.
水上徹男（1996）.『異文化社会適応の理論：グローバル・マイグレーション時代に向けて』ハーベスト社.
南保輔（2000）.『海外帰国子女のアイデンティティ：生活経験と通文化的人間形成』東信堂.
南川文里（2005）.「在米日系人／在外日本人であることの現代的意味：エスニシティの現代社会論に向けて」『立命館言語文化研究』17（1）：137-143.
藻岩ナオミ（1984）.「「海外成長日本人」の適応における内部葛藤―ライフヒストリーによる研究から―」『異文化間教育』1：67-90.
森本豊富、根川幸男編著（2012）.『トランスナショナルな「日系人」の教育・言語・文化―過去から未来に向かって―』明石書店.
ヤウ，バレリー・R著（2011）.『オーラル・ヒストリーの理論と実践―人文・社会科学を学ぶすべての人のために』吉田かよ子他訳、インターブック.
山田礼子（2004a）.『「伝統的ジェンダー観」の神話を超えて：アメリカ駐在員夫人の意識変容』東信堂.
山田礼子（2004b）.「駐在員家族の教育観の変容―トランスナショナリズムとグローバル化の進展のなかで」『異文化間教育』19: 17-29.
山田礼子（2007）.「在米駐在員家族の変容する教育観―ロサンゼルスにみられる越境教育の進展」森本豊富、ナカニシ，ドン編著『越境する民と教育：異郷に育ち地球で学ぶ』アカデミア出版会：153-173.
山本須美子（2014）.『EUにおける中国系移民の教育エスノグラフィ』東信堂.
吉田亮編著（2012）.『アメリカ日系二世と越境教育―1930年代を主にして』不二出版.
吉田亮編著（2016）.『越境する「二世」―1930年代アメリカの日系人と教育』現代史料出版.
「若者―新時代の到来を告げる「ミレニアルズ」」Decian McCullagh（News.Com）2006年1月12日 Retrieved from https://japan.cnet.com/article/20093883/
ロバートソン，ローランド．2001（1992）.『グローバリゼーション：地球文化の社会理論』阿部哉訳、東京大学出版会.

英文文献

Adachi, N. (2006). *Japanese diasporas: Unsung pasts, conflicting presents, and uncertain futures*. London: Routledge.

Adachi, N. (2010). *Japanese and Nikkei at home and abroad: Negotiating identities in a global world*. Amherst, NY: Cambria.

Anderson-Levitt, K. M. (2003). *Local meanings, global schooling: Anthropology and world culture theory*. New York: Palgrave Macmillan.

Ando, S. (2010). *Flourishing among Japanese immigrants and sojourners in Texas: Social capital and acculturation*. Doctoral dissertation, The University of Texas at Arlington.

Andrew, G. (1993). *Postwar Japan as history*. Berkeley: University of California Press.

Azuma, E. (2005). *Between two empires: Race, history, and transnationalism in Japanese America*. New York: Oxford University Press.

Basch, L., Schiller, N. G. & Blanc, C. S. (1994). *Nations unbound: Transnational projects, postcolonial predicaments, and deterritorialized nation-states*. New York: Psychology Press.

Befu, H. (1971). *Japan: An anthropological introduction*. San Francisco: Chandler Pub. Co.

Befu, H. & Guichard-Anguis S. (2003). *Globalizing Japan: Ethnography of the Japanese presence in Asia, Europe and America*. London: Routledge.

Benokraitis, N. V. (2002). *Contemporary ethnic families in the United States: Characteristics, variations, and dynamics*. Upper Saddle River, NJ: Prentice Hall.

Bestor, T. (2000, November/December). "How sushi went global", *Foreign Policy, 121*, 54-63.

Brah, A., Hickman, M. J. & An Ghaill, M. M. (1999). *Global futures: Migration, environment, and globalization*. New York: St. Martin's Press.

Brown, C. L. (2003). "The making of a bilingual/bicultural identity: A case study of a Japanese-American child.", *Japan Journal of Multilingualism and Multiculturalism, 9*(1), 52-68.

Brown, C. L. (2009). "Heritage language and ethnic identity: A case study of Korean-American college students", *International Journal of Multicultural Education*, Vol. 11, No.1, 1-16.

Brinton, D., Kagan, O. & Bauckus, S. (2008). *Heritage language education: A new field emerging*. New York, NY: Routledge.

Brody, B. (2002). *Opening the door: Immigration, ethnicity, and globalization in Japan*. New York: Routledge.

Buenker, J. D. & Ratner, L. (2005). *Multiculturalism in the United States: A comparative guide to acculturation and ethnicity*. Westport, CT: Greenwood.

Castells, S., Miller, M. J. (2009). *The rise of the network society* (4th Edition). Oxford: Basil Blackwell.

Chinen, K & Tucker, G. R. (2005). "Heritage language development: Understanding the roles of ethnic identity and Saturday school participation", *Heritage Language Journal, 3*(1), 27-59.

Chua, A.(2011). *Battle Hymn of the Tiger Mother*. New York: Penguin Press. Consulate General of Japan in Los Angeles (2011). Japan-Southern California economic relations, Los Angeles,

CA.
Chu-Change, M. (1983). *Asian-and Pacific-American perspectives in bilingual education: comparative research*. New York: Teacher College Press.
Consulate General of Japan in Los Angeles (2007). *Residence reports (Zai-ryu Todoke)*, Los Angeles, CA.
Consulate General of Japan in Los Angeles, (2011). *Japan-Southern California Economic Relations*, Los Angeles, CA.
Cornell, S. & Hartmann, D. *(1998). Ethnicity and race: Making identities in a changing world*. Thousand Oaks, CA: Pine Farge Press.
Eades, J. S., Gill, T. & Befu H. (2000). *Globalization and social change in contemporary Japan*. Melbourne: Trans Pacific Press.
Etzioni, A. (1959). "The ghetto - A re-evaluation", *Social Forces, 37*(3), 255-262.
Feuerverger, G. (1991). "University students'perceptions of heritage language learning and ethnic identity maintenance", *Canadian Modern Language Review, 47*(4), 660-677.
Finn, D. & Donovan, A. (2013), *PwC's NextGen A grobal generational study: Evolving the new workforce reality*. Retrived from https://www.pwc.com/gx/en/hr-management-services/pdf/pwc-nextgen-study-2013.pdf
Foner, N. 2002. "Second-generation transnationalism, then and now", in *The changing face of home: The transnational lives of the second generation*, (Eds.) P. Levitt., & M.C. Waters. New York: Russell Sage Foundation. 242-252.
Fugita, S. & O'Brien, D. J. (1991). *Japanese American ethnicity: The persistence of community*. Seattle: University of Washington.
Fujimoto, J.(2007). Japanese Institute of Sawtelle & Japanese American Historical Society of Southern California. *Sawtelle: West Los Angeles's Japantown*. Charleston SC: Arcadia Publishing.
Fujita, Y. (2009). *Cultural migrants from Japan: Youth, media, and migration in New York and London*. Lanham, MD: Lexington Books.
Fukuda, K. (2009). " The story of a Shin-Issei who flourished inside the American culinary scene: Ryo Sato, living in South Pasadena, CA – Part 1 Setting off to study cooking, inspired by the Tokyo Olympics", *Discover Nikkei: Japanese Migrants and their Descendants*. Retrieved from: http://www.discovernikkei.org/en/journal/article/2889.
García, O., Zakharia Z. & Otcu, B. (2012). *Bilingual community education and multilingualism: Beyond heritage languages in a global city*. Bristol: Multilingual Matters.
Giddens, A. (1990). "*The Consequences of modernity*", Polity Press, California: Stanford University Press.
Giles, H. & Byrne, J. (1982). "The intergroup model of second language acquisition", *Journal of Multilingual and Multicultural Development 3*, 17-40.
Goodman, R., Peach, C., Takenaka, A. & White, P. (Eds.) (2003). *Global Japan: The experience of*

Japan's new immigrant and overseas communities. London and New York: Routledge.

Gordon, A. (1993). *Postwar Japan as history.* Berkeley. University of California Press.

Green, A. & Troup, K. (1999). *The houses of history: A critical reader in twentieth-century history and theory.* New York: New York University Press.

Günther, G. (2003). "Segregation and the ethnoscape: The Japanese business community in Düsseldorf ", In Goodman, R., Peach, C., Takenaka, A. & White, P. (Eds.), *Global Japan: The experience of Japan's new immigrant and overseas communities,* New York: Routledge, 98-115.

Hoffman, K. E. (2004). Reviews of R. Salih, *'Gender in transnationalism: Home, longing and belonging among Moroccan migrant women.'* Retrieved from: http://www.h-net.org/reviews/showpdf.php?id=9933.

Hong, M. (1993). *Growing up Asian American: Stories of childhood, adolescence and coming of age in America, from the 1800s to the 1990s by 32 Asian American writers.* New York: Avon Books, Inc.

Huang W. J.(2015). "Transnational Leisure Experience of Second-Generation Immigrants: The Case of Chinese-Americans", *Journal of Leisure Research,* Vol. 47, No. 1, 102-124.

Hune, S. (1991). *Asian Americans: Comparative and Global Perspectives.* Pullman, WA: Washington State UP.

Hyodo, H. (2012). *"The Japanese New Yorkers": "Adventurers in adventure land" in Globalized Environments.* (Doctoral Thesis). Retrieved from ProQuest, UMI Dissertations Publishing. (Order no. 3499247).

Ichioka, Y. (1990). *The Issei: The world of the first generation Japanese immigrants-1924.* New York: Free Press.

Japan America Society of Southern California Notable Fact & Figures (Winter 2013).Retrived from https://jassocal.org/Resources/Documents/JASSC%20Notable%20Facts%20Figures%20-%20Winter%202013.pdf

Japanese Institute of Sawtelle. (2015). Retrieved from http://www.sawtellejis.org.

Kanno, Y. (1996). *There's no place like home: Japanese returnees' identities in transition.* Ann Arbor: UMI.

Kanno, Y. (2003). *Negotiating bilingual and bicultural identities: Japanese returnees betwixt two worlds.* Mahwah, NJ: L. Erlbaum.

Kameyama, E. (2012). *Acts of being and belonging: Shin-Issei transnational identity negotiations.* Master's thesis, University of California, Los Angeles.

Kataoka, Y. (2008). *To raise a Japanese child in the United States -Bilingualism-.* Tokyo: Akashi Shoten.

Kato, M. (2009). *Bilingual motherhood: Language and identity among Japanese mothers in New York City.* New York: City University of New York.

Kearny, M. (1995). "The local and the global: The anthropology of globalization and transnationalism", *Annual Review of Anthropology 24,* 547-565.

Kitano H. H. L. & Danierls, R. (1988). *Asian Americans: Emerging minorities.* Englewood Cliffs,

New Jersey: Printice Hall.

Kobayashi, M. (2012). *Parental involvement among transnational immigrant Japanese mothers in the U.S.* Madison, WI: University of Wisconsin--Madison.

Kondo-Brown, K. & Brown, J. D. (2008). *Teaching Chinese, Japanese, and Korean heritage language students: Curriculum needs, materials, and assessment.* New York: Lawrence Erlbaum Associates.

Kondo-Brown, K. (2001). "Bilingual heritage students' language contact and motivation", In Z. Dörnye & R. Schmidt (Eds.), *Motivation and second language acquisition.* Honolulu: University of Hawai'i Press. 433-459.

Kurotani, S. (2005). Home away from home: japanese corporate wives in the United States. Durham, NC: Duke University Press.

Lee, J. S. (2002). "The Korean language in America: The role of cultural identity in heritage language learning", *Language, Culture and Curriculum, 15* (2),117-133.

Li, W. (2009). *Ethnoburb: The new ethnic community in urban America.* Honolulu: University of Hawai'i Press.

Light, I. & Sabagh, G. (1994). "Beyond the ethnic enclave economy", *Society for the Study of Social Problems, 41*(1), 65-80.

Logan, J., Alba, R. D. & Zhang, W. (2002). "Immigrant enclaves and ethnic communities in New York and Los Angeles", *American Sociological Review, 67*, 299-322.

Mapping L.A., South Bay, Torrance, *Los Angeles Times.* Retrieved from http://projects.latimes.com/mapping-la/neighborhoods/neighborhood/torrance/

Martin, R. (2007). *The Japanese housewife overseas adapting to change of culture and status.* Folkestone, Kent, U.K.: Global Oriental.

Merriam, S. B. (2002). *Qualitative research in practice: Examples for study and discussion.* San Francisco, CA.: Jossey-Bass.

Min, P. G. & Park, K. (1999). *Second generation Asian Americans' ethnic identity.* Los Angeles, CA: Asian American Studies Center, University of California.

Minoura, Y. (1979). *Life in-between: The acquisition of cultural identity among Japanese children living in the United States.* (Doctoral dissertation) University of California, Los Angeles.

Minoura, Y. (1992). "A sensitive period for the incorporation of cultural meaning system: A study of Japanese children growing up in the United States", *American Anthropological Association Journal, Ethos 20* (3). 304-339.

Model, S. (1985). "A comparative perspective on the ethnic enclave: Blacks, Italians, and Jews in New York City", *International Migration Review, 19* (1), 64-81.

Morimoto, T. (1989). *Language and heritage maintenance of immigrants: Japanese language schools in California, 1903-1941.* (Doctoral dissertation), University of California, Los Angels.

Morimoto, T. (1997). *Japanese Americans and cultural continuity: Maintaining language and heritage.* New York: Garland Publishing, Inc.

Nakajima, K. & Suzuki, M. (1997). *Canada ni Okeru Keishoogotoshiteno Nihongo-Kyooiku (Japanese education as a heritage language in Canada)*, Ontario, Canada: CAJLE.

Nakamura, J. & Quay, S. (2012). "The impact of caregivers' interrogative styles in English and Japanese on early bilingual development", *International Journal of Bilingual Education and Bilingualism*. Vol. 15, No. 4: 417-434.

Nakanishi, D. T. & Hirano-Nakanishi, M. (1983). *The education of Asian and Pacific Americans: Historical perspectives and prescriptions for the Future*. Phoenix, AZ: Oryx Press.

Nakanishi, D. T. & Nishida, T. Y. (1995). *The Asian American educational experience: A source book for teachers and students*. New York: Routledge.

Nevins, A. (1975). *Allan Nevins on history*. New York: Scribner.

Noro, H. (2009). "The role of Japanese as a heritage language in constructing ethnic identity among Hapa Japanese Canadian children", *Journal of Multilingual and Multicultural Development*, Vol. 30, No. 1: 1-18.

Nukaga, M. (2008a). *Motherhoods and childhoods in transnational lives: Gender and ethnic identities among Japanese expatriate families in Los Angeles*(Doctoral disssertation). University of California, Los Angeles.

Nukaga, M (2008b). "The underlife of kids'school lunchtime: Constructing ethnic differences and identity in kids' peer culture", *Journal of Contemporary Ethnography* 37 (3), 342-380.

Ono, K. A., Sloop, J. M. (2002). *Shifting borders: Rhetoric, immigration, and California's proposition 187*. Philadelphia: Temple University Press.

Orellana, M. F. (2009). Translating childhoods: Immigrant youth, language and culture. New Brunswick: Rutgers University Press.

Oriyama, K. (2012). "What role can community contact play in heritage language literacy development? Japanese-English bilingual children in Sydney", *Journal of Multilingual and Multicultural Development*, vol. 3, No. 2: 67-186.

Ota, M. (1988). *Japanese schools overseas their development and a case study of a supplementary school in Vancouver, Canada*. Vancouver, B.C.: University of British Columbia.

Park, K. (1997). *The Korean American dream: Immigrants and small business in New York City*. Ithaca: Cornell UP.

Park, J. S. W. (2004). *Elusive citizenship: Immigration, Asian Americans, and the paradox of civil rights*. New York: New York University Press.

Parreñas, R. S. (2011). *Illicit flirtations: Labor, migration, and sex trafficking in Tokyo*. Stanford, California: Stanford University Press.

Pavlenko, A. & Blackledge, A. (2004). *Negotiation of identities in multilingual contexts*. Clevedon: Multilingual Matters.

Phinney, J. S. (2003). "Ethnic identity and acculturation", In K. M. Chun, P. B. Organista & G. Marin (Eds.), *Acculturation: Advances in theory, measurement, and applied research*. Washington, DC:

American Psychological Association, 63-82.

Pieke, F. N. (2004). *Transnational Chinese: Fujianese migrants in Europe*. Stanford, CA: Stanford University Press.

Portes, A. & Manning, R. D. (1986). "The immigrant enclave: Theory and empirical examples", in Olzak, S. & Nagel, J. (Eds.), *Competitive ethnic relations* (pp. 47-68). Orlando, FL: Academic Press.

Portes, A., Guarnizo, E. L.& Landolt, P. (1999). "The study of transnationalism: pitfalls and promise of an emergent research field", *Ethnic and Racial Studies, 22*(2), 217-237.

Portes, A. & Rumbaut, R. G. (2001). *Legacies: The story of the immigrant second generation*. Berkeley: University of California.

Reed, D. & Cheng J. (2003). *Racial and ethnic wage gaps in the California labor market*. San Francisco: Public Policy Institute of California.

Reischauer, E. O. & Jansen, M. B. (1995). *The Japanese today: Change and continuity*. Cambridge, MA: Belknap of Harvard UP.

Robertson, R. (1992). *Globalization: Social theory and global culture*. London, Sage Publications.

Rubin R. & Melnick J.(Eds). (2007). *Immigration and American popular culture: An introduction*. New York: New York University Press.

Safran, W. (1991). "Diasporas in modern societies: Myths of homeland and return", *Diaspora*, Vol. 1. No.1. pp.83-99.

Sahoo, A. K. & Kruijf, J. G. (2014). *Indian transnationalism online: New perspectives on diaspora*. Farnham, UK: Ashgate.

Sassen, S. (1994). "Economic internationalization: The new migration in Japan and the United States", *Social Justice 21*(2).

Sassen, S. (1998). *Globalization and its discontents: Essays on the new mobility of people and money*. New York: The New Press.

Schiller, N. G., Basch, L. & Blanc, C. S. (1995). "From immigrant to transmigrant: Theorizing transnational migration", *Anthropology Quarterly, 68*(1), 48-63.

Shibata. S. (2000). "Opening a Japanese Saturday school in a small town in the United States: Community collaboration to teach Japanese as a heritage language", *Bilingual Research Journal, 24*(4), 465-474.

Siegel, S. (2004). "A case study of one Japanese heritage language program in Arizona", *Bilingual Research Journal: The Journal of the National Association for Bilingual Education, 28*.

Steoff, R. & Takaki, R. (1994). *Issei and Nisei: The settling of Japanese America*. New York: Chelsea House.

Storrs, D. (2000). "Like a bamboo: Representations of a Japanese war bride", *A Journal of Women Studies* 21: 194-224.

Sueyoshi, A. H. (2012). *Queer compulsions: Race, nation, and sexuality in the affairs of Yone Noguchi*.

Honolulu: University of Hawai'i.

Sung, B. L. (1987). *The adjustment experience of Chinese immigrant children in New York City.* New York: Center for Migration Studies.

Takahashi, J. (1998). *Nisei/Sansei: Shifting Japanese American identities and politics.* Philadelphia: Temple University Press.

Takaki, R. (1987). *From different shores: Perspectives on race and ethnicity in America.* New York: Oxford University Press.

Takaki, R. (1998). *Strangers from a different shore: A history of Asian Americans.* Boston: Little, Brown.

Takaki, R. (2000). *Iron cages: Race and culture in 19th-century America.* Rev. Ed. New York: Oxford University Press.

Tomlinson, J. (2003). *Globalization, and cultural identity.* Retrieved from http://www.polity.co.uk/global/pdf/gtreader2etomlinson.pdf.

Tse, L. (2000). "The effects of ethnic identity formation on bilingual maintenance and development: An analysis of Asian American narratives", *International Journal of Bilingual Education and Bilingualism, 3*(3), 185-200.

Toyokawa, N. (2006). "The function of the social network formed by Japanese sojourners' wives in the United States", *International Journal of Intercultural Relations, 30*(2), 185-193.

Ukai, N. (1994). "The Kumon approach to teaching and learning", *Journal of Japanese Studies 20*(1), 87-113.

UNESCO. (1997). *Adult Education in a Polarizing World.* Paris, France.

United States Census Bureau(2015). Retrived from https://www.census.gov/programs-surveys/acs/guidance/comparing-acs-data/2015html

Vertovec, S. (2009). *Transnationalism.* London: Routledge.

Wakatsuki, J. H. & Houston, J. D. (1973). *Farewell to Manzanar; A true story of Japanese American experience during and after the World War II internment.* Boston: Houghton Mifflin.

Weber, D. (1999). "Historical perspectives on Mexican transnationalism: With notes from Angumacutiro", *Social Justice, 26*(3), 39-58.

White, M. E. (1988). *The Japanese overseas: Can they go home again?* New York: Free Press.

Yasuike, A. (2005). Maternalism - Japanese patriarchal bargaining in the era of globalization: Corporate transnational wives and Shin Issei women in Southern California. (Doctoral dissertation), University of Southern California.

Yui, D. (2006). *The World of transnational Asian Americans.* Tokyo: Center for Pacific and American Studies, the University of Tokyo.

Zhou, M. (1997). "Growing up American: The challenge confronting immigrant children and children of immigrants", *Annual Review of Sociology 23*, 64-95.

Zhou, M. & Bankston III, C. L. (1998). Growing up American: How Vietnamese Children adapt to American life. New York: Russell Sage.

Zhou, M., & Xiong, Y. S. (2005). The multifaceted American experiences of the children of Asian immigrants: Lessons for segmented assimilation. *Ethnic and Racial Studies, 28*(6), 1119–1152.

参考URL
https://www.rafu.com/tag/ 北米県人会 /

あとがき

　あとがきを書くにあたり、カリフォルニア大学ロサンゼルス校（UCLA）で過ごした大学院留学時代の四年間を振り返った。米国に在住する「新一世」と呼ばれる移民ではあるが、新しいカテゴリーに属するであろう日本人研究を行うにあたって、「新一世」のみならず多くの日本と関わりのある人々に会うことができた。たとえば、UCLA で日本研究に携わっている研究者や大学院生、早期の日系移民の子孫である UCLA Nikkei グループの学生たち、その多くは四世になっていた。また、日本の大衆文化であるアニメ好きな学生、そして私のような日本から UCLA に留学をしている日本人学生たちである。

　このように、UCLA を通して数え切れないほどの日本人・日系人とつながることができ、非常に貴重な文化資本を UCLA からもらっていたのだと、改めて感じている。また、UCLA を通して、学外にある日本人学校の存在を知ることができ、UCLA の関係者とそこに通っていたという UCLA 学生を通して、その日本人学校に行く機会も得ることができた。結果として、その日本人学校で二年間、毎週土曜日にボランティアとして教員をさせてもらう機会を得ることができ、日系の児童や生徒たち、そして彼・彼女たちの親とも接する機会にも恵まれた。老若男女の日系人や日本人との交流を通じて、なぜ母国日本を離れて、米国に移住しているのか。日本と何らかの関わりがある人たちが集団として集まり、エスニック・コミュニティを形成しているのか。そしてその人たちが、アメリカ社会で生活しているにもかかわらず、現代の日本における情報を常に把握し、日本の状況に多大な関心を抱いている

のかということを認識することができた。そのことにより、改めて日本について、そして日本人とは一体何であるのかという日本人のアイデンティティについて考えさせられた。さらには、私自身も自分がどのような日本人であるのかという自分自身へのアイデンティティの問い直しをすることにもつながった。

　多くの親とインタビュー形式で面談をする機会にも恵まれ、彼・彼女たちから知見のみならず、わたくし自身の研究に対する多くのコメントをいただいた。子育て中、これから子育てをする、あるいはもう子育てが終わり子育てを振り返ってみるという三段階の親へのインタビューができたのは、本研究をより深く、かつ幅広く考察することの土台となったと心から感謝している。その中で、多くの両親に共通していたのが、自身の子供は、生粋の日本人、またはハーフ、ダブル、あるいは異国の血が混じっていても、多くの親が自分たちの子供を"日本人だから"と強調していた点が非常に印象的であった。このことは、米国で「子育てをしている」あるいは「していた」ことが関係しているのかもしれない。

　親になること、異国で子育てをすること、親自身が自分の生まれ育った日本と離れて、米国社会で生きていくことがどのようなものなのかという点について、インタビュー対象者の生きた声を聞くことはとても意味のあることだったと思う。なぜなら、これらの声はやはり、本や資料からの知見だけではなく、今まさに生活をしている人たちの声でもあるからだ。

　最後に、文化人類学で使用される質的調査、エスノグラフィ手法、また質問項目などを丁寧に教えてくれたUCLAの先生たち、そして同期生にも深く感謝の意を伝えたい。この研究を続けることができたのは、遠い日本から私をサポートしてくれた祖母、父母、そして、アメリカで知り合った多くの貴重な友人と、UCLAの仲間たちである。彼・彼女たちのサポートのおかげで、私はこの研究を博士論文にまとめることができ、今回、単著としてまとめることにもつながった。改めて私の研究に関わった多くの関係者の皆様に、この場を借りて感謝の意を表したい。

　本書の出版にあたっては、東信堂の下田勝司社長には大変お世話になった。

出版事情の厳しいなか、わたくしの研究を理解してくださり、出版の機会を与えてくださったことには心からの御礼を申し上げたい。

　　　　　　　　　　　　　　　　　　　　　　　　　　山田　亜紀

事項索引

【欧文】
corporate sojourners ... 158
ICT ... 20
pull 要因 ... 40
push 要因 ... 40

【あ行】
アイデンティティ ... ii, iv, 44, 47
一時的滞在者 ... 5, 141
インターフェイス ... 51
インデプス・インタビュー ... 151
永住組 ... 141
エスニシティ ... 38, 54
エスニック・アイデンティティ ... 54
エスニック・エンクレイブ ... 87
エスニック・グループ ... 44
エスニック・コミュニティ ... 7, 15, 47
エスニック・ビジネス ... 13
エスノグラフィ ... ii, iv, 62
　　——手法 ... 18
エスノバーブ ... 23
越境 ... 21
オーラル・インタビュー ... 63
オーラル・ヒストリー・インタビュー ... 62

【か行】
カリフォルニア大学ロサンゼルス校 (UCLA) 70
企業駐在員 ... 158
帰国組 ... 141
帰米 ... 36
帰属意識 ... 22
教育ストラテジー ... 53
教育的ストラテジー ... 8
グローバル化 ... 8
継承語教育 ... 105
ケーススタディ ... 15, 62
現代の国際人 ... 22
構造的・文化的要因 ... 40
コスモポリタン ... 177

コミュニティ ... ii
　　——構築 ... 15

【さ行】
参与観察 ... 106
市民権 ... 22
ジャパンタウン ... 71
使用言語 ... 167
新一世 ... ii, 3, 176
新日系移住者 ... 176
新日系移民 ... ii, 176
ステレオタイプ ... 37
戦争花嫁 ... 40
ソーシャル・サークル ... 11

【た行】
ディアスポラ ... 6
定住者 ... 5
トランスナショナリズム ... 8, 16, 21
トランスナショナル ... 47
トランスマイグラント ... 151

【な行】
ネットワークサンプリング ... 70

【は行】
バイカルチャー ... 50, 53, 121, 143
バイリンガル ... 143
フィールド・リサーチ ... 10
フリンジベネフィット ... 27
文化移住者 ... 152
文化生産 ... 152
文化とヘリテージ ... 39
ヘリテージ ... 133
　　——言語 ... 167
　　——・スピーカー（継承語を話す人） ... 108
　　——・ランゲージ ... 105
ホスト社会 ... 37

【ま行】
ミレニアル……………………………… 149
　　──世代……………………………… 150
民族……………………………………… 54
メインストリーム……………………3, 37, 44
モデル・マイノリティ………………… 37

【ら行】
離散者（ディアスポラ）……………… 77
リトル・オーサカ……………………… 70
レコーディング・ヒストリー………… 69

人名索引

【あ行】
アズマ, E. (Azuma, E.) 5, 32
アダチ, N. (Adachi, N., 足立伸子) ... 6, 116
アンドウ, S. (Ando, S.) 56
イチオカ, Y. (Ichioka, Y.) 32
エツィオーニ, A. (Etzioni, A.) 23
オーブライエン, D. J. (O'Brien, D. J.) 38, 49

【か行】
カーニー, M. (Kearny, M.) 17
カメヤマ, E. (Kameyama, E.) 22
ギシャール-アンギ, S. (Guichard-Anguis, S.)
 .... 46, 47
ギデンズ, A. (Giddens, A.) 17
ギュンター, G. (Günther, G.) ... 28, 44, 45, 85
グアルニソ, E. L. (Guarnizo, E. L.) 21
グッドマン, R. (Goodman, R.) 15, 29, 45,
 85, 87, 131, 132, 161, 174
クライフ, J. G. (Kruijf, J. G.) 18
グリーン, A. (Green, A.) 69
ゴードン, A. (Gordon, A.) 44, 164
コンドウ-ブラウン, B. (Kondo-Brown, B.)
 .... 167, 168, 172, 182, 183

【さ行】
サッセン, S. (Sassen, S.) 39, 41
サフー, A. K. (Sahoo, A.K.) 18
サフラン, W. (Safran, W.) 6, 67
ジーゲル, S. (Siegel, S.) 55
シバタ, S. (Shibata, S.) 54, 55
ジョウ, M. (Zhou, M.) 135, 162
シラー, N. G. (Schiller, N.G.) 18
ステオフ, R. (Steoff, R.) 43

【た行】
タカキ, R. (Takaki, R.) 31-35, 38, 43
タカハシ, J. (Takahashi, J.) 183
タケナカ, A. (Takenaka, A.) 15
ドノヴァン, A. (Donovan, A.) 150
トムリンソン, J. (Tomlinson, J.) 17, 185

トループ, K. (Troup, K.) 69

【な行】
ヌカガ, M. (Nukaga, M.) 137, 142, 161
ネヴィンス, A. (Nevins, A.) 69
ノグチ, Y. (Noguchi, Y.) 31
ノロ, H. (Noro, H.) 54

【は行】
バッシュ, L. (Basch, L.) 18, 21, 65
ピーチ, C. (Peach, C.) 4, 15
ヒョウドウ, H. (Hyodo, H.) 4, 5, 57
フィン, D. (Finn, D.) 150
フギタ, S. (Fugita, S.) 38, 49
フクダ, K. (Fukuda, K.) 14
フジモト, J. (Fujimoto, J.) 74
ブランク, C. S. (Blanc, C. S.) 18
ベストー, T (Bestor, T.) 13
ベフ, H. (Befu, H.) 32, 43, 46, 47
ポルテス, A. (Portes, A.) 21, 23
ホワイト, M. E. (White, M. E.) 15
ホーン川嶋瑤子 18, 34, 38, 42, 58

【ま行】
マニング, R. D. (Manning, R. D.) 23
ミノウラ, Y. (Minoura, Y.) 50, 51
モーデル, S. (Model, S.) 28, 29, 45
モリモト, T. (Morimoto, T., 森本豊富) ... 32,
 35-37

【や行】
ヤスイケ, A. (Yasuike, A.) 4, 40, 67
山田礼子 16
ユイ, D. (Yui, D.) 4, 5
吉田亮 32

【ら行】
ランドルト, P. (Landolt, P.) 21
ロバートソン, R. (Robertson, R.) ... iii, 17

著者紹介

山田亜紀（やまだ　あき）

2008年同志社大学卒業、2015年UCLA教育大学院修了、教育学博士。
2015年筑波大学助教(エンパワーメント情報学プログラム専任教員)。
2019年玉川大学リベラルアーツ学部助教。
異文化間教育学、社会学、特にSTEAMの学際研究に従事。

主要著書・論文

Japanese Higher Education Reform Trends in Response to Globalization and STEM Demand, Comparative and International Higher Education Journal. *The Official Journal of the Higher Education SIG*, Vol. 9, 2017 pp.14-22.

Developing Global Competencies through Interdisciplinary Studies: Why Collaboration is Important between STEM and Non-STEM Students, *New Directions of STEM Research and Learning in the World Ranking Movement: A Comparative Perspective*, Eds. John N. Hawkins, Aki Yamada, Reiko Yamada, James W. Jacob, Palgrave Macmillan., 2018, pp 79-96.

Vietnamese Nail Salon Workers in America and their Ethnic Business, *Stanford Journal of Asian American Studies*, Vol. VII, 2016, pp.18-31.

「ロサンゼルス日系コミュニティーにおける新一世の教育ストラテジー：新一世と新二世への聞き取り調査を中心に」『移民研究年報』第24号，2018，pp.7-26.

ロサンゼルスの新日系移民の文化・生活のエスノグラフィ
──新一世の教育ストラテジーとその多様性

2019年7月20日　　初　版第1刷発行　　　　〔検印省略〕
　　　　　　　　　　　　　　　　　　　　定価はカバーに表示してあります。

著者Ⓒ山田亜紀／発行者　下田勝司　　　　　印刷・製本／中央精版印刷

東京都文京区向丘1-20-6　　郵便振替00110-6-37828
〒113-0023　TEL(03)3818-5521　FAX(03)3818-5514　　発行所　株式会社 東信堂

Published by TOSHINDO PUBLISHING CO., LTD.
1-20-6, Mukougaoka, Bunkyo-ku, Tokyo, 113-0023, Japan
E-mail : tk203444@fsinet.or.jp　http://www.toshindo-pub.com

ISBN978-4-7989-1573-9 C3036 Ⓒ Aki, YAMADA

東信堂

書名	著者	価格
韓国立正佼成会の布教と受容	渡辺雅子	三七〇〇円
ブラジル日系新宗教の展開―異文化布教の課題と実践	渡辺雅子	七八〇〇円
日本の社会参加仏教―法音寺と立正佼成会の社会活動と社会倫理	ランジャナ・ムコパディヤーヤ	四七六二円
現代タイにおける仏教運動―タンマガーイ式瞑想とタイ社会の変容	矢野秀武	五六〇〇円
サンヴァラ系密教の諸相―行者・聖地・身体・時間・死生	杉木恒彦	五八〇〇円
北欧サーミの復権と現状【先住民族の社会学1】―ノルウェー・スウェーデン・フィンランドを対象にして	小内透編著	三九〇〇円
現代アイヌの生活と地域住民【先住民族の社会学2】―札幌市・むかわ町・新ひだか町・伊達市・白糠町を対象にして	小内透編著	三九〇〇円
白老における「アイヌ民族」の変容	西谷内博美	二八〇〇円
開発援助の介入論―インドの河川浄化政策に見る国境と文化を越える困難	西谷内博美	四六〇〇円
資源問題の正義―コンゴの紛争資源問題と消費者の責任	華井和代	三九〇〇円
ロサンゼルスの新日系移民の文化・生活のエスノグラフィ―新一世の教育ストラテジーとその多様性	山田亜紀	三三〇〇円
海外日本人社会とメディア・ネットワーク―パリ日本人社会を事例として	吉原直樹監修	四六〇〇円
移動の時代を生きる―人・権力・コミュニティ	吉原直樹監修 松本行真編著 今野裕昭	三二〇〇円
国際社会学の射程【国際社会学ブックレット1】―日韓の事例と多文化主義再考	芝真里編訳 西原和久	一二〇〇円
国際移動と移民政策【国際社会学ブックレット2】―社会学をめぐるグローバル・ダイアログ	有田伸 山本かほり 西原和久編著	一〇〇〇円
トランスナショナリズムと社会のイノベーション【国際社会学ブックレット3】―越境する国際社会学とコスモポリタン的志向	西原和久	一三〇〇円
グローバル化と社会運動―半周辺マレーシアにおける反システム運動	山田信行	二八〇〇円
世界システムの新世紀―グローバル化とマレーシア	山田信行	三六〇〇円

〒113-0023　東京都文京区向丘1-20-6
TEL 03-3818-5521　FAX03-3818-5514　振替 00110-6-37828
Email tk203444@fsinet.or.jp　URL:http://www.toshindo-pub.com/

※定価：表示価格（本体）＋税

東信堂

書名	著者	価格
二〇五〇年 新しい地域社会を創る―「集いの館」構想と生協の役割	生協総合研究所編	一五〇〇円
歴史認識と民主主義深化の社会学	庄司興吉編著	四二〇〇円
主権者の社会認識―自分自身と向き合う	庄司興吉	二六〇〇円
主権者の協同社会へ	庄司興吉	二四〇〇円
地球市民学を創る――新時代の大学教育と大学生協	庄司興吉編著	三二〇〇円
社会学の射程――ポストコロニアルな地球社会の社会学へ	庄司興吉編著	三二〇〇円
再帰的＝反省社会学の地平	庄司興吉	三二〇〇円
グローバル化と知的様式――社会学理論の重層的探究	矢澤修次郎編著	二八〇〇円
インターネットの銀河系――ネット時代のビジネスと社会	M.カステル著 矢澤・小山訳	三六〇〇円
社会的自我論の現代的展開	船津衛	二四〇〇円
組織の存立構造論と両義性論	舩橋晴俊	三二〇〇円
階級・ジェンダー・再生産―現代資本主義社会の存続メカニズム	橋本健二	四五〇〇円
現代日本の階級構造――理論・方法・計量・分析	橋本健二	三八〇〇円
人間諸科学の形成と制度化――社会諸科学との比較研究	長谷川幸一	三八〇〇円
自立支援の実践知――阪神・淡路大震災と共同・市民社会	似田貝香門編	三八〇〇円
〔改訂版〕ボランティア活動の論理――ボランタリズムとサブシステンス	西山志保	三六〇〇円
自立と支援の社会学――阪神・大震災とボランティア	佐藤恵	三二〇〇円
NPO実践マネジメント入門（第2版）	パブリックリソースセンター編	二三八一円
現代行政学とガバナンス研究	堀雅晴	二八〇〇円
個人化する社会と行政の変容――情報、コミュニケーションによるガバナンスの展開	藤谷忠昭	三八〇〇円
コミュニティワークの教育的実践	高橋満	二〇〇〇円
NPOの公共性と生涯学習のガバナンス	高橋満	二八〇〇円

〒113-0023 東京都文京区向丘1-20-6
TEL 03-3818-5521 FAX 03-3818-5514 振替 00110-6-37828
Email tk203444@fsinet.or.jp URL:http://www.toshindo-pub.com/

※定価：表示価格（本体）＋税

東信堂

【コミュニティ政策叢書】
日本コミュニティ政策の検証
——自治体内分権と地域自治へ向けて
山崎仁朗編著 四六〇〇円

高齢者退職後生活の質的創造
——アメリカ地域コミュニティの事例
加藤泰子 三七〇〇円

原発災害と地元コミュニティ
——福島県川内村奮闘記
鳥越皓之編著 三六〇〇円

自治体行政と地域コミュニティの関係性の変容と再構築
——「平成大合併」は地域に何をもたらしたか
役重眞喜子 四二〇〇円

さまよえる大都市・大阪
——「都心回帰」とコミュニティ
鰺坂学・徳田剛・西村雄郎・丸山真央 編著 三八〇〇円

地域のガバナンスと自治
——平等参加・伝統主義をめぐる宝塚市民活動の葛藤
田中義岳 三四〇〇円

【地域社会学講座 全3巻】
地域社会の政策とガバナンス
岩崎信彦監修 二三〇〇円

世界の都市社会計画
橋本和孝・藤田弘夫・吉原直樹編著 二三〇〇円

都市社会計画の思想と展開
——グローバル時代の都市社会計画
橋本和孝・藤田弘夫・吉原直樹編著 二三〇〇円

【アーバン・ソーシャル・プランニングを考える・全2巻】
地域社会学の視座と方法
似田貝香門監修 二五〇〇円

グローバリゼーション/ポスト・モダンと地域社会
古城利明監修 二五〇〇円

防災の社会学〔第二版〕
——防災コミュニティの社会設計へ向けて
矢澤澄子監修 二七〇〇円

【シリーズ防災を考える・全6巻】
防災の心理学——ほんとうの安心とは何か
吉原直樹編 三八〇〇円

防災の法と仕組み
仁平義明編 三二〇〇円

防災教育の展開
生田長人編 三二〇〇円

防災と都市・地域計画
今村文彦編 三二〇〇円

防災の歴史と文化
増田聡編 続刊

平川新編 続刊

〒113-0023 東京都文京区向丘1-20-6
TEL 03-3818-5521 FAX 03-3818-5514 振替 00110-6-37828
Email tk203444@fsinet.or.jp URL:http://www.toshindo-pub.com/

※定価：表示価格（本体）＋税

東信堂

書名	著者	価格
放送大学に学んで——未来を拓く学びの軌跡	放送大学中国・四国ブロック学習センター編	二〇〇〇円
ソーシャルキャピタルと生涯学習	矢野裕俊監訳　J・フィールド	二五〇〇円
成人教育の社会学——パワー・アート・ライフコース	高橋満編著	三二〇〇円
NPOの公共性と生涯学習のガバナンス	高橋満	二八〇〇円
コミュニティワークの教育的実践	高橋満	二〇〇〇円
学級規模と指導方法の社会学——実態と教育効果	山崎博敏	三二〇〇円
高等専修学校における適応と進路——後期中等教育のセーフティネット	伊藤秀樹	四六〇〇円
「夢追い」型進路形成の功罪——高校改革の社会学	荒川葉	二八〇〇円
進路形成に対する「在り方生き方指導」の功罪——高校進路指導の社会学	望月由起	三六〇〇円
教育から職業へのトランジション——若者の就労と進路職業選択の社会学	山内乾史編著	二六〇〇円
教育と不平等の社会理論——再生産論をこえて	小内透	三二〇〇円
マナーと作法の社会学	加野芳正編著	二四〇〇円
マナーと作法の人間学	矢野智司編著	二〇〇〇円
〈シリーズ　日本の教育を問いなおす〉拡大する社会格差に挑む教育	西村和雄・大森不二雄　倉元直樹・木村拓也編	二四〇〇円
混迷する評価の時代——教育評価を根底から問う	西村和雄・大森不二雄　倉元直樹・木村拓也編	二四〇〇円
教育における評価とモラル	戸瀬信之・西村和雄編	二四〇〇円
〈大転換期と教育社会構造：地域社会変革の学習社会論的考察〉第1巻　教育社会史——日本とイタリアと	小林甫	七八〇〇円
第2巻　現代的教養Ｉ——生活者生涯学習の地域的展開	小林甫	六八〇〇円
第3巻　現代的教養Ⅱ——技術者生涯学習の生成と展望	小林甫	六八〇〇円
第3巻　学習力変革——地域自治と社会構築	小林甫	近刊
第4巻　社会共生力——東アジアと成人学習	小林甫	近刊

〒113-0023　東京都文京区向丘1-20-6
TEL 03-3818-5521　FAX03-3818-5514　振替 00110-6-37828
Email tk203444@fsinet.or.jp　URL:http://www.toshindo-pub.com/

※定価：表示価格（本体）＋税

東信堂

（シリーズ 社会学のアクチュアリティ：批判と創造 全12巻）

書名	著者	価格
クリティークとしての社会学——現代を批判的に見る眼	西原和久編	一八〇〇円
都市社会とリスク——豊かな生活をもとめて	宇都宮京久編	二〇〇〇円
言説分析の可能性——社会学的方法の迷宮から	浦野正弘編	二〇〇〇円
グローバル化とアジア社会——ポストコロニアルの地平	友枝敏雄編	二三〇〇円
公共政策の社会学——社会的現実との格闘	佐藤俊樹編	二三〇〇円
社会学のアリーナへ——21世紀社会を読み解く	武川正吾編	二三〇〇円
モダニティと空間の物語——社会学のフロンティア	吉原直樹編	二三〇〇円
戦後日本社会学のリアリティ——せめぎあうパラダイム	厚東洋輔編	二三〇〇円
	斉藤日出治編	二〇〇〇円
	西原和久編	二六〇〇円

〈地域社会学講座 全3巻〉

地域社会学の視座と方法	似田貝香門監修	二五〇〇円
グローバリゼーション/ポスト・モダンと地域社会	古城利明監修	二五〇〇円
地域社会の政策とガバナンス	矢澤澄子監修	二七〇〇円

〈シリーズ世界の社会学・日本の社会学〉

タルコット・パーソンズ——最後の近代主義者	中野秀一郎	一八〇〇円
ゲオルグ・ジンメル——現代分化社会における個人と社会	居安正	一八〇〇円
ジョージ・H・ミード——現代社会学の展開	船津衛	一八〇〇円
アラン・トゥーレーヌ——新しい社会運動主義的空間と新しい社会運動	杉山光信	一八〇〇円
アルフレッド・シュッツ——社会的空間と時代の道徳的問題	森元孝	一八〇〇円
エミール・デュルケム——危機の時代の再建と社会学	中島道男	一八〇〇円
レイモン・アロン——透徹した警世家	岩城完之	一八〇〇円
フェルディナンド・テンニエス——ゲマインシャフトとゲゼルシャフトする亡命者	吉田浩	一八〇〇円
カール・マンハイム——時代を診断する亡命者	澤井敦	一八〇〇円
ロバート・リンド——アメリカ文化の内省的批判者と批判社会学の生成	鈴木弘久	一八〇〇円
アントニオ・グラムシ——『獄中ノート』と批判社会学の生成	佐々木衛	一八〇〇円
費孝通——民族自省の社会学	園部雅久	一八〇〇円
奥井復太郎——都市社会学と生活論の創始者	藤本久雄	一八〇〇円
新明正道——綜合社会学の探究	山本鎮雄	一八〇〇円
米庄太郎——新総合社会学の先駆者	中久郎	一八〇〇円
高田保馬——理論と政策の無媒介的統一・家族・研究	川合隆男	一八〇〇円
戸田貞三	蓮見音彦	一八〇〇円
福武直——実証社会学の軌跡民主化と社会福祉の現実化を推進		

〒113-0023　東京都文京区向丘1-20-6
TEL 03-3818-5521　FAX03-3818-5514　振替00110-6-37828
Email tk203444@fsinet.or.jp　URL:http://www.toshindo-pub.com/

※定価：表示価格（本体）＋税

東信堂

書名	著者	価格
「居住福祉資源」の思想――生活空間原論序説	早川和男	二九〇〇円
検証公団居住60年――《居住は権利》公共住宅を守るたたかい	多和田栄治	二八〇〇円

〈居住福祉ブックレット〉

書名	著者	価格
居住福祉資源発見の旅――新しい福祉空間、懐かしい癒しの場	早川和男	七〇〇円
どこへ行く住宅政策――進む市場化、なくなる居住のセーフティネット	本間義人	七〇〇円
漢字の語源にみる居住福祉の思想	李桓	七〇〇円
日本の居住政策と障害をもつ人	伊藤静美	七〇〇円
障害者・高齢者と麦の郷のこころ――住民、そして地域とともに	大本圭野	七〇〇円
地場工務店とともに――健康住宅普及への途	山本里見	七〇〇円
子どもの道くさ	加藤直樹	七〇〇円
居住福祉法学の構想	水月昭道	七〇〇円
奈良町の暮らしと福祉――市民主体のまちづくり	吉田邦彦	七〇〇円
精神科医がめざす近隣力再建	黒田睦子	七〇〇円
進む「子育て」砂漠化、はびこる「付き合い拒否」症候群	中澤正夫	七〇〇円
最下流ホームレス村から日本を見れば	片山善博	七〇〇円
住むことは生きること――鳥取県西部地震と住宅再建支援	ありむら潜	七〇〇円
世界の借家人運動――あなたは住まいのセーフティネットを信じられますか？	髙島一夫	七〇〇円
「居住福祉学」の理論的構築	早川和男	七〇〇円
居住福祉資源発見の旅Ⅱ――地域の福祉力・教育力・防災力	張秀萍	七〇〇円
居住福祉の世界――早川和男対談集	柳中権	七〇〇円
医療・福祉の沢内と地域演劇の湯田――岩手県西和賀町のまちづくり	早川和男 伸典 成子	七〇〇円
「居住福祉資源」の経済学	金持伸子	七〇〇円
長生きマンション・長生き団地	高橋典成	七〇〇円
高齢社会の住まいづくり・まちづくり	千代崎一夫 山下千佳	八〇〇円
シックハウス病への挑戦――その予防・治療・撲滅のために	後藤 三	七〇〇円
韓国・居住貧困とのたたかい――居住福祉の実践を歩く	全泓奎	七〇〇円
精神障碍者の居住福祉――宇和島における実践（二〇〇六〜二〇一一）	財団法人光会編	七〇〇円

〒113-0023　東京都文京区向丘1-20-6　TEL 03-3818-5521　FAX 03-3818-5514　振替 00110-6-37828
Email: tk203444@fsinet.or.jp　URL: http://www.toshindo-pub.com/

※定価：表示価格（本体）＋税

東信堂

書名	著者/訳者	価格
オックスフォード キリスト教美術・建築事典	P&L・マレー著／中森義宗監訳	三〇〇〇〇円
イタリア・ルネサンス事典	J・R・ヘイル編／中森義宗監訳	七八〇〇円
美術史の辞典	P・デューロ他／中森義宗・清水忠訳	三六〇〇円
涙と眼の文化史――中世ヨーロッパの標章と恋愛思想	徳井淑子	三六〇〇円
青を着る人びと	伊藤亜紀	三五〇〇円
社会表象としての服飾――近代フランスにおける異性装の研究	新實五穂	三六〇〇円
書に想い 時代を読む	河田悌一	一八〇〇円
日本人画工 牧野義雄――平治ロンドン日記	ますこひろしげ	五四〇〇円
美を究め美に遊ぶ――芸術と社会のあわい	荻江藤中厚佳紀志編著	二八〇〇円
バロックの魅力	小穴晶子編	二六〇〇円
新版 ジャクソン・ポロック	藤枝晃雄	二六〇〇円
西洋児童美術教育の思想	要真理子・前田茂監訳	三六〇〇円
ロジャー・フライの批評理論――知性と感受性と感性	要真理子	三六〇〇円
ドローイングは豊かな感性と創造性を育むか？		
レオノール・フィニ――境界を侵犯する新しい一種	尾形希和子	四二〇〇円
〈世界美術双書〉		
バルビゾン派	井出洋一郎	二三〇〇円
キリスト教シンボル図典	中森義宗	二〇〇〇円
パルテノンとギリシア陶器	関 隆志	二三〇〇円
中国の版画――唐代から清代まで	小林宏光	二三〇〇円
象徴主義――モダニズムへの警鐘	中村隆夫	二三〇〇円
中国の仏教美術――後漢代から元代まで	久野美樹	二三〇〇円
セザンヌとその時代	浅野春男	二三〇〇円
日本の南画	武田光一	二三〇〇円
画家とふるさと	小林 忠	二三〇〇円
ドイツの国民記念碑――一八一三年	大原まゆみ	二三〇〇円
日本・アジア美術探索	永井信一	二三〇〇円
インド、チョーラ朝の美術	袋井由布子	二三〇〇円
古代ギリシアのブロンズ彫刻	羽田康一	二三〇〇円

〒113-0023 東京都文京区向丘1-20-6　TEL 03-3818-5521　FAX 03-3818-5514　振替 00110-6-37828
Email tk203444@fsinet.or.jp　URL:http://www.toshindo-pub.com/

※定価：表示価格（本体）＋税